JN439326

지은이 **황혜범** • 그림 **황상운**

| 차례 |

새 부처님 우리대종사 십상 동화를 내면서

길룡리 영촌 마을에 하늘아기 태어나니 얼굴은 달덩이요,

눈동자는 샛별이라.

별난 아이 진섭!

네 살부터 신동으로 뜬구름이 어디로 흘러가나?

하늘은 어찌 푸를까?

구렁이도 내쫓는 일곱 살에 관천기의상, 열하나에 삼령기원 호랑이 물리치고 마당바위기도에서 산신령 못 만나고, 열다섯에 장가드나 하늘이치 세상이치 알쏭달쏭 하구나 아무래도 못 풀겠네. 의심 풀어줄 스승찾아 삼만리라. 구사고행 소용없네. 어찌 할꼬 어

찌 할꼬 이일을 어찌 할꼬 강변입정 들었을 때 아니, 저기 누구당가? 성삼 아들 진섭이 아니던가? 왜 저래 우두커니가 되었단 말인가? 이를 보는 이 마다 혀를 끌끌 찬다.

오호라! 오호라! 옥녀봉 하늘 열리고 노루목에 구수산 정기내려 장항대각 이루는 날 얼싸 좋다 얼싸 좋아 유씨엄니 양씨부인 덩실 덩실 춤을 춘다.

기쁘다. 기쁘도다. 새 부처님 우리 대종사 새 회상 세우시니 먼동이 떠오르는 봄날의 이른 아침, 영산에 물막이 공사로 방언 답 만들고 구수산 아홉 봉우리 혈인 법인 불 밝히니 법계에 사무치는 구인의 서원을 길이길이 기념하세 법인의 오늘!

새 부처님 박중빈 대종사님 봉래제법으로 불법연구회 교리강령 완성하사 신룡 벌 넓은 터에 개교의 종소리 울리시고 계미 열반하시니 새 회상 새 성자로 제생의세 큰 별이로다.
새 부처님 개교 100주년이 도래 하도다 !

새 부처님 우리 대종사님의 일생을 쓴 십상 동화를 짧은 노래 말로 표현하였습니다.

달덩이 햇덩이 대종사님의 일생은 너무나 소중하고 아름다워 불제자들의 큰 가르침입니다. 새 부처님의 가르침을 어린이 노래말로 쓰려고 했으나 만족스런 이야기에는 못 미친다는 생각이 듭니다.
원불교 개교100년, 교화대불공 성업봉찬에 대종사님 십상동화가 동심의 세계에 널리널리 퍼지면 좋겠습니다. 그래서 교단에 훌륭한 일꾼이 많아지길 기도합니다.

이 책은 원기96년에 원불교신문에 연재한 글을 모아서 꾸몄습니다. 소태산 대종사의 일상을 중심으로 구성했으나 각색된 부분도 있습니다. 이해바랍니다.

동화책으로 발행해 주신 신문사 관계자분들께 깊은 감사를 드립니다.

우리 모두 청소년을 사랑하는 마음을 품고

가자! 가자! 가자! 동심의 세계로.

| 황혜범 합장 |

방황하는 아이들의 길잡이

어려운 내용을 어렵게 쓰는 것은 쉽다. 쉬운 내용을 쉽게 쓰는 것은 더 쉽다. 그러나 어려운 내용을 쉽게 쓰기란 정말 어렵다. 그 어려운 작업을 흥미롭고 아름다운 동화로 풀어 쓴 책이 나온다 하니 반갑다.

지은이 황혜범 선생의 〈새 부처님 우리 대종사〉는 대종사님의 거룩한 생애를 열 토막으로 정리한 십상을 기둥 삼아 예쁘고 재미있는 이야기 집을 지은 셈이다.
그 집 안에 들어가면, 어린이 대종사의 엉뚱하고 당돌한 모습도 보이고, 자연과 인생의 비밀을 풀지 못해 방황하는 청년 대종사의 모습도 보이고, 일본이 우리를 지배하던 어두운 시절에 인류를 구원하고 병든 세상을 바로잡을 구세주로서 대종사의 모습도 보일 것이다.

청소년기는 몸과 마음이 쑥쑥 자라나는 시기이기도 하지만, 갈 길을 찾지 못해 헤매는 시기이기도 하다. 세상에는 길이 너무도 많다. 길마다 유혹하는 손짓이 있고, 화려한 장식도 보인다. 그러나 어느 길이 바르고 밝게 사는 길이고 어느 길이 비뚤어지고 어둡게 사는 길인지, 혹은 어느 길이 행복과 생명의 길이고 어느 길이 불행과 죽음의 길인지 판단하는 것은 결코 쉽지 않다.

이 책에서 얻은 감동과 교훈은 방황하는 우리 청소년들에게 평생의 길잡이가 되고 나침반이 될 것이다.

즐겁게 그리고 꼼꼼하게 읽자. 읽으면서 생각하고 읽고 나서 거듭 생각하자. 새 부처님을 닮아가는 방법은 무엇일까? | 이경식 합장 |

관천기의상

소태산 대종사 십상 중 첫번째. 7세 경부터 우주의 자연현상과
인간세상의 모든 일에 대해 큰 의심을 품게 되다.

별난 아이 진섭아!

새 하얀 찔레꽃이 옥녀봉 햇살에 활짝 웃는 초여름이다.

"아버지, 내 밥."

네 살 박이 진섭이 후다닥 자기 밥그릇을 비우더니 아버지 밥그릇에서 밥 한 숟갈을 덥석 덜어다 입에 넣었다.

"아니, 이게 무슨 버릇이더냐?"

아버지가 아들의 무례한 짓에 야단을 쳤다.

"배고픈데……."

배가 고프다는 말만 하지 진섭의 얼굴에 반성의 기미가 전혀 없다.

"아무리 배가 고프기로 허락도 없이 아버지 밥그릇에 손을 대!"

"그럼, 아버지 놀라게 할 거야."

아버지의 큰 소리에 눈썹하나 까딱하지 않고 맞선다.

"뭐, 날 놀라게 해?"

아버지의 눈빛이 어이가 없다는 표정이다.

"진섭아, 어서 아버지한테 잘못을 빌어야지."

*보릿고개에 오죽하면 아버지 밥을 덜어갈까 싶은 생각이 든 어머

니의 너그러운 목소리다.

"어머니, 배가 고파서 그랬어."

"허허, 별난 놈이로구나. 지게도 못 지는 어린 녀석이…."

아버지는 셋째아들 진섭이 별난 아이란 생각만 하고 밥상에서 일어나 논으로 갔다.

***보릿고개** – 묵은 곡식은 거의 떨어지고 햇보리는 아직 여물지 않아 식량사정이 가장 어려운 때를 비유적으로 이르는 말.

논에서 농사일에 지친 아버지가 잠시 집에 들어와 낮잠을 자고 있을 때였다.

"동학군이다! 동학군! 노루목에 동학군들이 나타났어요"

"아이고머니! 무서워라, 동학군이라고!"

아버지가 진섭의 동학군이라는 소리에 헐레벌떡 뛰쳐나오며 대나무 숲속으로 달아나 숨었다.

"진섭아, 동학군이 보이지 않는데 어디 있단 말이냐?"

어머니가 밖을 조심스럽게 살펴보더니 별 기척이 없자 진섭에게 물었다.

"어머니, 아침에 내가 아버지를 놀라게 한다고 말했잖아요?"

"아무리 약속이라 하더라도 일에 지쳐 주무시는 아버지를 깨우다니…."

어머니와 진섭의 대화를 숨죽이며 듣고 있던 아버지가 대나무 숲에서 뛰쳐나오며, "에라 이놈! 그렇다고 네 아비 간을 떨어지게 만들다니."

"헤헤헤, 아버지 나는요. 내 입으로 한 말은 꼭 실천 한다니까요."

"허허허, 참으로 별난 녀석이로구나!"

아버지는 '이 별난 아들을 어떻게 가르칠까?' 하는 생각에 걱정이 됐다. 하지만 한 번 마음먹은 것은 어떻게 해서든지 해내고 마는 별난 아이가 기특했다.

진섭의 성품이 뿌듯하고 자랑스럽기만 했다.

구렁이를 이긴 용감한 아이

동산에 떠오른 햇님이 산과 들을 초록으로 물들이고 있다.

영촌리 사람들을 배고픔으로 몰고 가던 보릿고개가 한 풀 꺾이더니 아이들이 마을 앞 개울가로 모여들었다.

"아가야, 밥 먹은 것 배 꺼질라."

부모들의 가난한 소리를 뒤로하고 아이들의 첨벙 첨벙 물장구치는 소리가 구호동에 메아리쳤다.

또래들 중 눈이 또렷하고 몸집이 장대하며 말타기 놀이를 잘하는 아이가 돋보였다.

진섭은 노는 것도 제 또래들보다 네 댓 살은 너 먹어 보이는 아이들과 어울리는 것이다.

"저- 저, 저, 저기, 뱀이다!"

좀 떨어진 돌담에서 겁에 질린 어떤 소년의 목소리가 들렸다.

"뭐, 어디?"

겁 없는 아이, 진섭이 뱀이 있는 둑으로 뚜벅뚜벅 걸어갔다.

아이들이 무서워 가슴을 졸이며 뱀의 움직임을 바라보고 있었다.

진섭이 돌담에서 나와 있는 뱀을 보니 그 길이가 아버지 지게 작대기 보다 훨씬 길고 아버지 굵은 팔뚝 보다 더 큰 구렁이다.

아이들이 징그럽고 무서운 구렁이를 보며 숨죽이고 있었다.

이 때 진섭이 구렁이에게 눈싸움을 걸었다. 뱀도 지지 않을세라 째진 눈으로 대항하며 혀를 날름거리고 고개를 치켜세웠다.

"물러서지 못할까? 썩 물러가거라!"

진섭의 목소리가 어떻게나 큰지 옥녀봉 절벽을 쩌렁쩌렁 울렸다.

진섭의 호령에 기세등등하던 구렁이가 서서히 움직이더니 나왔던 돌 틈으로 들어갔다.

"와, 와!"

"진섭이가 구렁이를 물리쳤다!"

진섭의 용기와 기백을 본 아이들이 구렁이를 이긴 진섭을 마치 전쟁터에서 이기고 돌아온 개선장군처럼 우러러 봤다.

"하찮은 미물이 감히 사람을 해치려하다니…."

진섭이 의젓한 목소리로 뱀을 꾸짖었다. 이 소문은 두 발에 자전거 바퀴를 달고 온 마을에 퍼졌다.

그 일이 있고부터 마을 사람들은 개울가에서 노는 진섭을 볼 때

마다 "자기보다 두 배나 큰 구렁이를 쫓다니, 대단한 녀석이야."

"누가 아니래. 그렇지만 산골에서 땅이나 파먹고 살 팔자가 아닌가?"

"사람팔자 알 수 없다고, *전봉준 장군처럼 개천에서 용 나온다는 말도 모르는가?"

어른들은 구렁이를 이긴 진섭을 큰 인물이 될 대단한 녀석이라 칭찬을 하는 이도 있고, 일본이 우리나라를 빼앗으려는 어려운 시기 때문에 평범한 농사꾼이 될 거라는 사람들도 있어 생각들이 분분했다.

이러한 때 일곱 살 난 용감한 아이, 진섭이 봄 향기 속에서 **노는 일에 흥미를 잃고 툇마루에 홀로 앉아 있는 일이 많아졌다.** 무슨 까닭일까? 궁금하기만 했다.

*** 전봉준 장군** – (1855~1895) 조선 후기 고부 군수 조병갑의 수탈에 항거하여 동학 농민 운동을 일으킨 지도자.

꿈에도 구름을 타고

장다리 밭에 내려앉은 봄볕은 아이들의 키를 쑥쑥 자라게 했다. 영촌리 아이들이 기지개를 켜고 옥녀봉을 더 가까이 보며 꿈을 키워 나갔다.

"하늘아! 옥빛 하늘아! 네 푸르름은 어디에서 온 것이냐?"

"구름아! 산 구름아! 네 포근한 솜이불은 언제 어디서 만들었느냐?"

진섭은 툇마루에 혼자 앉아 솜털구름 껴안고 있는 파란 하늘에 사로잡혔다.

새들이 푸드덕 날개를 치고 옹달샘에서 목을 축이던 아기 사슴이 진섭의 발걸음에 소리 없이 달아났다. 실바람에 흙냄새 실려 오고 봄꽃 향기 그윽하네!

저절로 노래가 나오지만 무엇 하나 의문을 풀지 못하고 옥녀봉을 내려왔다.

"어머니, 구름 잡으러 산에 올라가?"

진섭의 요구를 잘 들어주는 어머니에게 옥녀봉에 걸려있는 구름

을 잡겠다고 또 졸랐다.

'해는 조그만 것이 높이 떠서 온 누리를 비추는 구나!'

'호롱불은 입김으로도 꺼지는데 서산 너머로 넘어가서 꺼지는 것은 무슨 까닭이지?'

'달은 어찌하여 커졌다 작아지는가?'

'밤과 낮이 생기고, 추웠다가 더워지는 것은 무슨 조화일까?'

'땅속에는 무엇이 들어있기에 꽃이 피어나는가?'

'강물이 흘러 바다로 가는데, 바다는 얼마나 넓을까?'

자연현상이 이처럼 아름답고 신기함을 깨달은 일곱 살 진섭은 의문에 의문을 걸고 또 걸었다.

"아버지!"

"이른 아침부터 어찌 나를 또 부르느냐?"

"저 작은 벌레하고 나는 무엇이 다르죠?"

"진섭아, 아버지는 공부를 하지 못했어. 네 물음에 대답을 할 수 없구나."

"아버지, 그럼 나는 어찌해야 하나요?"

"글쎄다…."

"아버지, 어찌하여 세상 이치를 모르고 살아갈 수 있나요? 말 못하는 짐승이라면 몰라도 생각하고 말하는 사람으로 태어나서 말입니다."

들에 나가려던 아버지가 진섭의 물음에 어찌할 바를 몰랐다.

"언젠가는 우리 진섭이가 스스로 깨치는 수 밖에 없을 것 같구나."

아버지는 진섭이 너무 어른스러운 것이 대견스러웠다.

남들 보기에도 아들이 도량이 넓고 기상이 늠름한 것에 한결 믿음직스러운 것이다

'후-, 후-, 이를 어찌 할꼬?'

어린 진섭의 한숨이 길어졌다.

"진섭아 걱정 말거라. 너도 서당에서 공부를 열심히 하면 네 의문은 저절로 풀릴 것이다."

이래서 진섭이 10살 되던 해 아버지의 권유로 서당에 들어가 한문 공부를 시작했다.

"하늘 천, 따지, 검을 현, 누르 황, 집 우, 집 주."

진섭의 천자문 읽는 소리가 제법 낭랑하게 들렸다.

불, 불, 불이야!

"선생님, 맛있는 떡이요. 어머니가 주셨어요."

"선생님, 홍시 가져왔어요. 할머니가 주셨지요."

"오, 할머니께서. 응, 응 그래야지."

선물을 좋아하시는 선생님의 얼굴이 싱글벙글 웃음이 가득하다.

그러나 미처 준비가 없어 선물을 못한 진섭에게 선생님의 고개가 갸우뚱 한다.

몹시 추운 동짓날이다.

"대만이하고 소만이는 어제 선생님께 선물했었지?"

"예" 친구들이 우렁차게 대답했다.

"너희들은 안방으로 들어가 동지 팥죽을 먹거라."

이렇게 선생님께 선물 못한 진섭이는 외톨이가 됐다.

선생님을 찾아 온 친구와 대화하는 소리가 들렸다.

"호쾌한 사람은 산이 무너져도 놀라지 않는 법. 나는 이날 이때까지 맞은 적도 위협 당한 일도 없다네."

"선생님, 호걸이십니다요. 그렇다면 호걸다운 담력을 보여주십시오."

"에끼, 이 놈! 어린 네가 선생님을 시험하겠다는 것이냐? 매를 맞겠다는 것이냐?"

선생님이 벌컥 화를 냈다.

그러나 진섭은 눈썹 하나 까딱하지 않았다.

"선생님, 해지기 전에 선생님을 놀라게 하지 못하면 매를 맞지요. 그렇지만 선생님이 놀랄 일이 벌어지거든 제게도 약속을 하시지요."

"그래, 무슨 약속이냐?"

"내년 동짓날에는 저에게도 동지 팥죽을 주십시오."

진섭의 마음 맺힌 말에,

"만약 내가 놀란다면 네 집안에 큰 인물이 날 것이니라."

"스승과 어린제자 사이에 멋있는 승부가 되겠는 걸. 그럼 내가 심판이 되지."

선생님과 진섭이 내기를 걸고 시간이 한참 지났다.

"불, 불, 불이야!"

선생님이 문을 여니 시뻘건 불길이 땔감나무를 뒤덮고 있었다. 선생님이 발을 동동 구르다가 윗옷을 벗어 오줌통에 적시어 허둥지둥 불을 끄기 시작했다. 마을 사람들이 몰려와 간신히 불을 꺼서

인지 큰 피해는 없었다.

“어떤 놈의 짓이냐? 큰일 낼 놈이로구나!”

“아니 어떻게 이런 일을….”

“선생님, 웬만한 일에는 놀라지 않는다고 하시지 않았습니까?”

진섭이 태연하게 대답했다.

선생님은 더욱 화가 치밀어 붉으락 푸르락 거렸다.

“허허, 그러고 보니 이 아이가 이긴 셈이군. 서로 약속한 바 있으

니 어떻게 하겠나. 너무 노여워 말게."

스승과 제자 사이에서 심판이 되었던 선생님 친구의 한마디였다.

'사람들은 어느 한 곳에 불이 났다고 놀라지만 하늘의 조화에 비하면 아주 하찮은 일이로다. 사람들은 어찌하여 만물의 이치를 알려 하지 않는가? 서당이 싫다.'

서당을 그만 둔 진섭의 가슴에 뭉쳐있는 의문의 씨앗은 더욱 커져만 갔다.

삼령기원상

소태산 대종사가 삼밭재 마당바위에서 산신(山神)을 만나기 위해
5년간 지극한 정성으로 기도를 올렸다.

아하! 조상보다 더 높은 산신령

'삼발재 마당바위 머루다래 차려놓고
동서남북 올리는 절, 산신령 보고픈 건
의심 풀고 싶어서라. 천일기도 뜨겁네.'

1901년, 일본이 침략의 손길을 뻗친 추운 겨울이다.

진섭이 열한 살이 되어 온 세상의 돌아가는 이치들에 대한 마음속의 의심덩어리는 더욱 커갔다.

'내 의심을 어느 누가 풀어준단 말인가?'

'시원하게 풀어 줄 사람은 누구란 말인가?'

'서당 선생님, 아버지, 어머니….'

'답답하고 막막하기 이를 데 없구나!'

찬바람에 옷깃을 여미는 이른 아침이다.

"진섭아, 오늘은 7대조 할아버지 산제삿날이구나. 시제를 모시러 가자!"

"예! 산제사요?"

진섭의 귀가 번뜩 튄다.

"그렇단다. 제사는 조상숭배의 예의니 경건하게 모시려면 옷을 단정하게 입어야 한다."

"예 알겠습니다."

진섭이 아버지를 따라 처음으로 시오리 길을 걸어 조상의 묘를 찾아갔다.

많은 종친들이 제사법도에 따라 차례 상을 차렸다.

무슨 일이든지 무심코 넘기는 일이 없는 진섭이 자세히 살펴보니 유사(제사장)란 어른이 먼저 다른 곳에 제삿상을 차리지 않는가?

'왜, 선조의 산소부터 제물을 차리지 않는가?'

'산신령이 7대조 할아버지 보다 더 높은 분인가?'

진섭에게 의문의 꼬리 하나가 또 붙었다.

"어르신님!"

"어찌 부르느냐?"

"오늘 제사는 선조님을 기리고, 선조를 위한 것인데 산신령은 누구시길래 선조님 보다 먼저 제물을 받으시나요?"

진섭은 제사가 끝난 후 학식이 많은 종친 어른께 질문을 했다.

"왜, 산신께 먼저 제사를 지내냐고 묻는 것이냐?"

"예, 그렇습니다."

"잘 물었다. 산신은 산의 주인이시다. 선조님이 살고 있는 산을 지켜주시는 분이므로 먼저 제사를 올리는 것이 올바른 순서이니라."

"그러면 산신은 어떠한 권능을 갖춘 분이십니까?"

"산신은 인간이 갖지 못하는 신비한 권능을 가지고 있지."

"예? 신비한 권능?"

진섭이 신비한 권능이란 말에 귀가 뺑 뚫렸다.

"그래, 산신은 비와 구름과 바람을 마음대로 일으켜 풍년도 들게 하고 때로는 흉년도 들게 하신다."

"아하, 산신의 권능이 그렇게 센가요?"

진섭은 처음 들어보는 산신령의 권능에 놀라며 까만 눈동자를 반짝였다.

호랑이 굴 마당바위 산신령

"산신의 조화는 한이 없어 인간은 헤아릴 수 없을 정도야."

종친 어른은 산신의 무궁한 능력을 진섭에게 이야기했다.

"어르신, 그럼 어떻게 해야 산신령을 만나지요?"

"오라, 네가 산신령을 만나겠다고…."

"예, 틀림없이 만나야만 됩니다."

"그래, 네가 고조선 단군할아버지 신화에 나오는 웅녀처럼 지극하게 정성 다하여 기도드리면 만날 수 있고 네가 바라는 소원도 이룰수 있지."

진섭은 그동안 가슴 속에 얽히고 설킨 숱한 의심을 풀수 있다는 기대감 속에 마음이 벅차올랐다.

지극정성이면 산신령을 만날 수 있다는 말에 용기가 생긴 것이다.

'온 정성을 다해 기도 올릴 곳을 찾아야지!' 다짐하며 노루목 앞마을 구호동을 향했다.

구호동은 낮에도 무서운 호랑이가 잘 나타나는 곳이다. 그 뒷산은 나무가 울창하고 낮에도 산짐승의 울음소리가 그치질 않았다.

그러나 어려서 구렁이도 이긴 대담하고 용기 있는 진섭은 구호동 뒷산에서 산신을 보기로 작정했다.

"진섭아, 산신이 따로 있나? 호랑이가 변하여 된 거여."

"뭐? 호랑이가 변하여 된다고?"

"그래, 산신령이 가끔 호랑이를 데리고 다니는 것도 그 까닭이다."

진섭이가 산신령을 만나겠다는 각오를 아는 또 다른 어른이 들려준 이야기다.

'어쨌든 산신령을 만나려면 사람의 발길이 닿지 않는 신령스러운 곳이어야 된다'라고 생각하며 구호동 뒷산을 향했다.

울창한 숲 속 골짜기를 따라 오르는 데 산새들이 푸드덕 날아가고 흐르는 맑은 물소리가 한결 부드러웠다.

나뭇가지 사이로 보이는 조각하늘이 옥빛으로 아름답다.

산꼭대기에 오르니 언덕위에는 넓다란 빈터가 보이고 그 옆에 탁 트인 너럭바위가 시원스럽게 누워있다.

'아! 이 언덕이 어른들이 말한 구수산 중턱에 있는 삼밭재인가?'

'이게 마당바위라고 불렸던 것이로구나!'

언제인가 마을 어른으로부터 들었던 삼밭재(삼령) 마당바위를 되새기면서 사방을 두리번 거렸다.

'골짜기 물 졸, 졸, 졸

흐르는 물소리 싱그럽고

숲 속 산비둘기

구구구 꾸르륵 구구구

노래 소리 젖어있는

인적 드문 삼밭재

마당바위!

명당 중에 명당이로다.'

진섭은 신비로운 삼밭재 마당바위에 저절로 콧노래가 나왔다.

호랑아, 썩 물러가거라

마당바위는 당장 진섭이 곁에 산신령을 모셔올 듯 서기가 감돌았다.

"산신령이시여! 원하옵기는 저를 굽어 살펴주시고, 내 머리 속에 감도는 의문의 꼬리들을 시원하게 떼어 주소서. 간절히 원하옵니다."

진섭은 사방을 향하여 큰절을 올리고 무릎을 꿇고 기도를 올렸다. 아침마다 집을 나와 삼밭재에 오르면 그렇게 마당바위에서 기도를 하고, 때로는 우두커니 앉아 있기도 하면서 온 종일을 보냈다.

진섭이 기도 올리는 삼밭재는 나무꾼조차 얼씬거림이 없었다. 진섭은 오로지 산신령을 만나겠다는 마음뿐이어서 두려움이나 외로움도 몰랐다. 한 그루의 나무처럼 옥녀봉 바위처럼 날마다 제자리에서 기도에 온 정성을 쏟을 뿐이다. 산짐승이 다가와도 조금도 흔들리지 않았다.

진섭이 기도에 정성을 드리고 있을 때 구호동 집채만한 호랑이가 나타났다.

어떻게 큰지 마당바위 언저리에 달무리 같은 은근한 빛이 감돌고 있다. 마을 사람들이 그토록 무서워하는 구수산 호랑이다. 그러나 신령스런 기운이 감도는 마당바위에 묵묵히 꿇어 앉아 있는 진섭에게는 감히 다가서지 못했다.

진섭은 기웃거리는 호랑이를 태연하게 돌아봤다. 경계의 눈빛을 보냈다.

그리고, "그대가 산신령이 아니거든 썩 물러가거라."

소년 진섭은 타이르듯이 조용히 말했다. 호랑이는 소년을 호위하려는 듯 제자리에 얌전히 앉아 움직이려 하지 않았다.

"어서 물러가지 못할까?"

큰소리로 호통을 치자 구수산 호랑이는 어슬렁어슬렁 마당바위를 떠났다. 소년 진섭이 기 싸움에서 이긴 것이다.

진섭은 기도는 신성한 일이라 부정한 마음을 지닌 사람에게는 산신령이 나타나지 않으므로 마당바위 기도는 아무에게도 말하지 않았다. 그러나 얼마 지나지 않아, "얘야, 너 요즘 어디서 무엇하고 다니느냐? 숨기지 말고 말 하거라."

아들이 서당을 나가지 않고 다른 곳에 다니는 것을 알아차린 어머니께서 걱정스럽게 물었다.

"어머님, 제가 일찍이 세상의 이치를 알고자 하였으나, 갖가지 의심만 더할뿐 답답하기 그지없는데 산신령께서 신묘한 권능을 지니셨다 하므로 만나 뵙고 모든 의심을 풀고자 삼밭재 마당바위에서 기도에 전념하고 있습니다."

"아니, 그 험한 곳을 올라 다닌단 말이냐? 아이고, 호랑이 먹이가

되려고 작정했구나!"

"어머니, 그렇지 않습니다. 산신령을 만나는데 그까짓 호랑이를 무서워하다니요. 저는 기필코 산신령을 만나 저의 소원을 풀겠어요."

"그렇게 간절히 원하고 있느냐?"

"예."

아들의 뜻에 감동한 어머니가 도시락을 싸주며 정성으로 뒷바라지를 하기 시작했다.

"내가 일찍이 산신령을 본 일은 없으나 사람들이 산신령을 말하는 것은 믿음이 있기 때문일 것이다. 대기만성이라고 꾸준히 기도하고, 지성이면 감천이라고 한번 마음먹은 것은 변치 말고 소원을 이루도록 하여라."

아버지 역시 아들의 큰일을 쾌히 승낙하면서 용기를 북돋았다.

진섭의 의지는 옥녀봉 바위처럼 굳세고 굳세다.

그러나 삼밭재 기도의 꿈은 이루어 질 수 있을 것인가?

기도소리가 구수산에 울려퍼져도

진섭은 산신령을 보기위해 날이면 날마다 어머니가 마련하여 주는 깨끗한 음식을 제물로 바쳤다.

그래도 부족하다 싶으면 옥녀봉 다래, 머루, 산감, 알밤 등 산과일을 제물로 올리면서 기도했다.

해가 바다 멀리 들어가고서야 집으로 돌아왔다.

산에서 밤을 지새우며 기도할 때도 있다.

비가 오나 눈이 오나 진섭의 기도는 그침이 없다.

"얘야, 오늘은 비가 많이 오는구나. 집에서 쉬어라."

어머니의 눈빛이 안타까움으로 흐려졌다.

"쉬다니요. 아니 됩니다."

"눈보라 치는 추운 날씨에 감기라도 들면 어쩌려고…."

어머니는 아들 걱정에 한시도 마음 편할 날이 없다.

"바람도 몹시 불지 않느냐? 기도 정성도 좋지만 감기에 걸려 건강을 해쳐서는 안되느니라."

이제는 아버지가 나서며 만류하는 것이다.

"아버지, 이런 비 때문에 이만한 추위에 기도를 쉰다면 아무도 나의 정성을 믿어주지 않을 것입니다. 걱정 마십시오."

효심이 지극한 진섭은 아들 걱정을 하는 부모님을 위로하고 먼저 내려가시라고 권하면서 다시 무릎을 꿇고 기도에 들어가는 것이다. 이런 기도의 정성이 1년, 2년, 3년, 4년이 지나고 5년이 다 가는 날이다.

"거룩하신 산신령이시여!

신령스럽고 무한한 능력을 가지신 산신령이시여!

저의 정성을 굽어 살피시고 그 위대한 모습을 나타내소서. 그리하여 저의 가슴에 쌓인 의심의 덩어리를 풀어 주소서."

애절해지는 기도 소리가 옥녀봉 꼭대기에 앉았다가 노루목으로 건너가고 다시 구호동에 머물면서 메아리가 되어 울려 퍼졌다.

진섭의 삼밭재 마당바위에서 터져 나오는 **애절한 목소리가 구수산 아흔 아홉 굽이에 울려 퍼졌다.**

그러나 한 해 두 해 어느덧 다섯 해 다 되어도 산신령의 모습은 끝내 보이지를 않는 것이다.

"산신령님!"

"어찌 대답이 없습니까?"

불러도, 불러도 대답이 없는 산신령이다.

'아니야, 나의 정성이 부족했어.'

진섭이 스스로 뉘우쳤다.

삼밭재 마당바위에 머루, 다래 차려 놓고 동서남북으로 손 모아 절을 했다.

"참으로 산신령을 만나 의심을 풀고 싶어라."

진섭의 기도의 노래 소리가 푸른 하늘에 맴돌았다.

그러나 삼밭재 마당바위 기도의 위력은 나타나지 않았지만 소년 진섭은 청년의 기골이 완연해졌다.

5년이란 세월이 진섭을 의젓한 청년으로 만든 것이다.

구사고행상

16세 되던 해 봄. 의심을 풀어줄 스승을 찾아 온갖 고행을 거듭하다.

상투 올렸네! 새 신랑 처화 머리에

5년 기도의 정성이 아무런 결실이 없자 진섭의 몸과 마음이 지칠 대로 지쳤다.

'아니, 산신령님은 없단 말인가? 그럼, 5년 전 산제사 때 종친어른의 제물을 받아먹은 구름 타는 삼장법사는 영영 없단 말인가?'

이처럼 진섭이 애를 태우며 큰 걱정을 하고 있을 때였다. 갑자기 영촌 하늘이 비구름으로 가득 차더니 '우르르 쾅쾅!' 천둥번개를 치며 장마 비가 내렸다.

영촌 마을 앞을 흐르는 개울이 홍수로 범람하여 진섭의 영촌 집이 둥! 둥! 둥! 떠내려가고 말았다.

아버지는 구호동에 새 집터를 마련하고 나무를 베어다 말리고 다듬어 기둥을 세우더니 상량을 올려 새 집을 지었다. 어린 날을 보냈던 집에서 구호동 새 집으로 온 식구가 이사를 했다.

진섭의 나이 열다섯이 되던 해이다. 구호동 집은 영촌 마을에서 멀리 떨어지지 않은 곳으로 노루목에서 삼밭재로 향하는 길목에 있다. 옥녀봉 위에 둥근달이 떠올라 구호동 마을이 온통 달빛에 젖었다.

"여보! 진섭이 나이가 저만 하니 상투를 올려 주는 것이 어떠하오?"

삼령기원의 허탈로 마음을 못 잡고 있는 아들에게 장가를 보내려는 어머니의 아들 사랑이다.

"진섭이를 장가보내? 하기야 나이 열다섯이면 보낼 만도 하지. 어디 좋은 규수감이 있기라도 한가요?"

"예, 홍곡리 장기촌의 양씨 집인데 듣기에 참한 색시라 하던데요."

"거, 좋죠. 그럼 진섭이를 장가보냅시다."

진섭이 달그림자를 밟으며 토방을 서성이고 있을 때 부모님 이야기 소리를 듣고 깜짝 놀랐다.

"아버지, 내 나이 열다섯 어린 나이지요. 풀어야 할 것들이 산같이 쌓였는데…."

진섭이 문을 열고 들어가 부모님께 장가를 들지 않겠다고 말했다.

"진섭아, 그렇지 않단다. 큰일을 하려면 장가를 먼저 들고도 얼마든지 할 수 있느니라."

천성이 부모님 말씀을 거역 못하는 효자인지라 떠꺼머리 총각 진섭이 장가를 들기로 마음먹었다.

혼례가 치러진 첫날밤이다.

일가친척 마을 사람들이 신랑신부 첫 날 밤을 그냥 보낼리 없었다. 새로 꾸민 방문 살에 구멍이 송송 뚫렸다.

"호호호, 저 새 각시 얼굴 좀 봐. 예쁘기도 해라."

"누가 아니래. 상투올린 신랑은 어떻고?"

새 신랑의 첫날 밤은 엿보는 이들의 부러운 웃음소리를 물리치고 동트는 새아침을 맞이했다.

어여쁜 색시를 맞이한 새 서방 얼굴에 희색이 만연하다.

혼례를 치르고 어른이 되면서 소년 진섭의 이름도 '*처화'라는 이름으로 바뀌었다. 머리에 상투를 이고 이름을 처화로 바꾸어 새 생활을 하는 것도 잠시뿐…. 장가 가고 새 이름도 얻었으니 신랑 처화의 생활이 달라질 법도 한데 집안일에는 관심이 없다.

아직도 삼밭재를 오르내리며 궁리에 궁리를 거듭하고 있다.

*'처화' 라는 이름은 남이 부르게 좋게 지은 이름이고, 나중에는 법명인 박중빈(朴重彬)으로 널리 알려지게 된다. 여기에 소태산(少太山)이란 호를 붙여 개교 100주년을 맞이하는 오늘도 새 부처님이신 대종사님을 '소태산 박중빈'이란 이름으로 성자(聖者)로 모시고 있는 것이다.

영웅호걸과 도사를 찾습니다

혼례를 치른 처화는 이듬해야 처가에 세배를 올리러 갔다.

처갓집 사랑방이 시끌벅적 야단법석이다.

"이놈! 발목에 밧줄을 메고 질끈 올려라!"

"아이고, 발목 빠지네!"

"이실직고 하렸다! 어찌 이 터줏대감 허락도 없이 마을 처녀를 도둑질 했는고!"

"도둑질 한 게 아니라…."

"뭐라, 도둑질을 안해! 다시 조여라."

"아이고, 살려주세요!"

"하하하."

상투를 올린 죄 아닌 죄로 처화가 처갓집 동네 젊은이들과 한바탕 웃는 소리다.

이어서 사랑방의 한 젊은이가 전우치의 신출귀몰한 무용담을 읽어나갔다.

'한 선비가 고생 끝에 성공한다. 이를 시기한 간신이 역적의 누명을 씌워서 처형당하게 되자, 그는 마지막 소원이라며 그림 한 장을 그리게 해달라고 한다. 왕이 이를 허락하자 산수화 속에 나귀 한 마리를 그리더니 나귀를 타고 그림 속으로 사라진다.'

'그뒤 *조웅은 자신을 모해한 자를 도술로 골려주고 장난을 치며 돌아다닌다. 과부를 짝사랑해 상사병이 든 친구를 위해 그 과부를 구름에 태워오다가 강림도령에게 질책을 당한다.'

'그런 후 *화담 서경덕의 도학이 높다는 이야기를 듣고 찾아가 화담의 도술에 굴복하고 제자가 되어 태백산에 들어가 도를 닦는다. 도술을 부리는 영웅을 내세워 잘못된 사회와 맞서게 한다.'

처화는 젊은이가 읽어 내려가는 책속의 영웅호걸 담에 무엇인가 풀릴 듯 한 예감을 받고 말았다.

"와! 재미있다. 뭐? 도사의 신묘한 능력이라고….”

처화의 귀가 번쩍 트였다.

당시는 동북아를 손에 넣으려는 일본의 야욕으로 온 세상이 어려

***조웅** – 영웅의 일생을 그린 고대소설 〈조웅전〉에 나오는 주인공.

***화담 서경덕** – (1489~1546) 조선 중종때 학자. 화담은 호.

울 때다.

“2천만 한민족이 남의 노예가 되었도다. 동포여! 살았는가? 죽었는가?”

을사늑약으로 우리의 주권을 빼앗아간 일본에 대항하여 목숨을 끊으며 외친 민영환 열사의 목소리가 처화의 귀에 들렸다.

‘그렇다면 이 백성을 누가 구한단 말인가?’

늦은 밤 젊은이들과 사랑방에서 재미있는 시간을 보낸 후 홀로 앉은 처화는 이 나라를 구하고 이 세상을 구할 영웅호걸(?) 아니면,

도사 찾기에 들어갔다.

백성은 가난하고 배우지 못하였다.

힘이 없어 일본에게 나라를 빼앗겼다고 한탄하면서 막연히 구원의 손길이 뻗치기를 고대할 뿐이다.

처화는 영웅호걸 이야기를 머릿속에 떠올리며

'어디선가 훌륭한 스승을 만나야지…. 나의 스승이 되어줄 사람을 찾자. 도사는 분명한 사람이다. 산신이 있다면 그렇게 정성을 드렸는데도 왜 나타나지 않는 것일까? 아직 산신령을 만나본 사람은 없다. 어떻게 생겼는지도 모른다. 그렇다면 믿을 수가 없다. 내가 찾는 도사는 이 세상 어딘가에는 있을 것이 아닌가? 도사가 보통사람과는 달리 큰 재주를 갖고 있으니 찾을 수 있다.'

산신령에 실망한 처화에게 도사가 다가와 마음의 눈을 뜨게 했다.

도사님! 스승찾아 삼만리

세상 이치를 알고 많은 것을 가르쳐 주실 스승님!

박중빈은 자신도 구하고 나라를 구할 수 있는 스승을 찾아 헤매기 시작했다.

수소문도 해보고, 길가에서 지나가는 사람을 유심히 살펴보기도 했다.

'도사는 보통사람과는 다른 재주를 갖고 있으니, 그를 스승으로 모시면 세상 이치를 알고 많은 것을 배울 수 있는 것이다.'

하루는 주막을 옆에 끼고 지나가려는데 볼품없는 남루한 차림새의 사내가 "큰 꿈을 누가 먼저 깨칠 것인가? 내 평생 스스로 알리라."

중국 *제갈공명의 한시를 큰소리로 읽는 것이 처화의 귀에 들어왔다.

처화는 제갈공명이 신통묘술을 부린다는 것을 알고 있는 터에 그 사내의 목소리에 눈이 번쩍 뜨였다.

그러나 사내는 헤진 누더기 옷에 얼굴은 검고 여기저기 종기가 나서 영락없는 상거지다.

그런 사람이 어려운 한시를 술술술 읽는 것이 수상쩍었다.

'옳지, 도사는 보통 사람을 피하기 위해 변장했는지도 몰라.'

처화는 마음속으로 도사를 만났다고 생각했다.

먼저 공손하게 인사를 하며,

"뵙기에 보통 어른이 아닌 것 같습니다. 저에게 소중한 말씀을 해주시지 않겠습니까?"

"젊은이는 누군데 날보고 소중한 말씀을 부탁하오?"

"이유야 집에 가서 듣기로 하고 일단 저희 집으로 가시죠."

"좋소, 갑시다."

*** 제갈공명** – (181~234) 중국 삼국시대 촉한의 정치가이자 군사전략가.

처화가 도사로 생각한 사내를 집으로 모시고 며칠을 같이 지냈다. 그러나 알고 보니 그는 아무 재주가 없는 가난뱅이에 떠돌이였다. 처화는 스승을 만나는 일이 쉽지 않았다.

그러나 우주만물의 이치와 생사고락의 이치를 시원하게 가르쳐 줄 분은 어딘가에 틀림없이 있다는 생각이 굳어졌다.

그래서 실망하지 않고 스승 찾아 삼만리를 걷고 있는 것이다.

집안일은 양씨 부인에게 맡긴 채 오로지 구사고행의 길을 떠나는 것이다. 아버지 박성삼과 어머니 유정천도 처화를 안타깝고, 걱정스러워 하면서도 어찌할 도리가 없다.

어느날, 산에서 도를 닦아 신통력을 얻었다는 선비의 이야기가 들렸다. 그 무렵 온 나라가 어지러운 세상이라 글 좀 아는 선비들이 깊은 산 속에 숨어 살면서 도를 닦으며 때를 기다리고 있을 때라 이따금 도사이야기가 퍼지곤 했다.

아버지 박성삼은 선비가 있다는 곳을 수소문 끝에 찾아서 집으로 모셔와 처화의 스승으로 모셨다.

"선생님, 내 아들 처화에게 우주만물의 이치와 생사고락의 이치를 터득시켜 주시오."

"좋소. 아드님이 나에게 배운다면 오래지 않아 신통묘술을 얻을 것이오. 그렇지만 댁에서는 나에게 황소 한 마리를 예물로 바치시오."

"황소 한 마리가 문제입니까? 아들의 소원만 성취 할 수 있다면야 더한 것도 바치리다."

아버지 박성삼은 바로 아들을 불러 그 선비에게 인사를 올렸다.

"얘야, 이 자리에서 스승과 제자의 예를 갖추는게 어떠하냐?"

"아버지, 제가 이 어른께 절을 드리는 것은 마땅하지만, 오늘은 보통으로 만나고 헤어지는 것이 아니라 스승과 제자의 인연을 맺는 것이므로 먼저 어르신께서 뜻과 능력을 펴보이신 다음에 예를 갖추어도 늦지 않을 것입니다."

천성이 어떤 일이든 신중을 다하는 성품이라 처화의 말에 선비의 얼굴이 빨개졌다.

십년세월 스승 찾아 헤맸으나

'허허, 저리 당돌한 녀석이 있나? 감히 나보고 신통력을 보여 달라고….'

처화에게 스승이 되려는 선비는 큰소리로 처화를 꾸짖으려 했으나 꾹꾹 눌러 참고는 곧 표정을 바꾸어 여유있는 웃음을 지었다.

"허허허, 젊은이."

"예, 선비님."

"나는 온갖 신령과 통하여서 도술을 부릴 뿐 아니라 능히 신의 대장까지 오라 가라 할 수 있다네. 젊은이는 나의 능력을 마음대로 시험해 보게."

"예! 선비께서 신장(神將)도 마음대로 부린다고요?"

"그럼세."

"그러시다면 저의 앞에서 신의 대장을 보여주십시오."

"그래, 신력은 부정을 타면 보일 수 없다네. 이집에서 가장 깨끗한 방으로 옮기지."

"그렇게 해드리지요."

정갈하고 무엇 하나 더러움이 없는 방에서 선비의 주문 소리가 들린다.

"사하르르르르르르~ 바르르르르르르~ 세르르르르르르~ 계르르르르르르~. 불하하하하하하 쌍하하하하하하 히이이이이이이 여기시시시시시."

이상한 주문은 첫닭이 울고 서쪽하늘에 샛별이 수그러질 때까지 이어졌다.

날이 밝자 선비는 주문외우기를 그치고 처화에게

"아마 가까운 곳에 초상이 났거나 아기 낳은 집이 있는가 보네. 아니면 이 방에서 그런 일이 일어났으니 오늘 밤에는 부정 타지 않

은 다른 방을 비워주게."

처화는 선비의 말을 미덥지 않게 여겼다.

'아니, 사람 사는 집에서 태어나고 죽는다는 것은 당연한 이치인데 그런 곳을 피하려 하다니….'

그렇지만 처화는 더 두고 보기로 하고 새 방을 정해줬다.

선비는 밤새도록 주문을 외고는 신의 대장이 나타나지 않자 새벽에 몰래 담을 뛰어 넘어 달아나고 말았다.

참으로 믿지 못할 선비의 행각에 어찌할 바를 모르며 처화는 서운한 생각을 시 한 수로 마무리했다.

'조웅전 들으면서 도사님이 떠올랐네.

도사 찾아 스승 찾아 삼만리 거닐어도

저 들녘 푸른 하늘엔 흰구름만 떠가네.'

처화는 더 이상 초능력을 가진 도사를 찾으려고 애쓸 것이 아니라 자신의 힘으로 모든 의심을 깨치겠다는 생각을 했다.

'의심을 깨치려면 집에서 안 되지' 라는 생각으로,

"아버지, 저에게 공부할 방을 지어주세요"라고 간곡한 부탁을 했다.

아들, 처화의 일을 헌신적으로 도와주는 박성삼은 삼밭재 마당바위에 비바람을 막아주는 초막 하나를 지었다.

발이 부르트도록 사방을 헤매면서 눈을 씻고 찾았건만 스승이 될 만한 도사를 찾지 못한 한을 마당바위 초막에서 깨치려했다.

그러나 처화가 집을 떠나지 못 할 큰일이 터지고 말았다.

강변입정상

'내 이 일을 장차 어찌할까?' 하는 큰 걱정만 날로 쌓여
입정상태에서 그대로 서 있기도 하다.

아버지! 이 불효막심한 자식을

*안중근 의사가 조선침략의 원수 이토 히로부미를 중국 하얼빈 역에서 죽였으나 우리나라는 일본에게 나라를 완전히 빼앗기는 슬픈 날을 맞이하고 말았다.

그 해 처화가 나이 스물이 되는 1910년 초겨울이었다. 눈보라가 몰아치는 스산한 저녁 처화가 '콜록 콜록' 기침을 심하게 하시는 아버지의 거친 숨소리 곁에 무릎을 꿇고 앉았다.

"아버지, 얼마나 힘드세요."

"나는 이제 저 세상으로 갈 때가 되었구나. 내 비록 가난하게 태어나 배운 것은 없지만 널 뒷받침해 성공을 보는 것이 소원이었다. 그런데…."

아버지, 박성삼의 죽음이 다가오자 중빈의 슬픔은 이루 말할 수가 없었다.

***안중근** – (1879~1910) 1909년 만주 하얼빈역에서 일본의 총리대신을 지낸 이토 히로부미를 사살한 독립운동가.

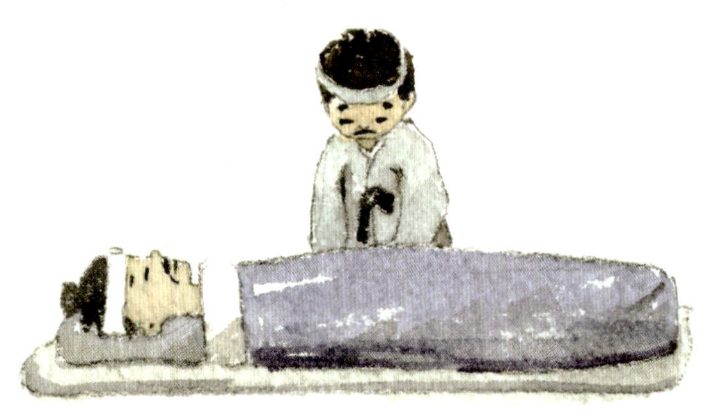

"아버지! 이 불효막심한 자식을 꾸짖어 주십시오. 우리 집이 이렇게 기울어 버린 것도 제 탓입니다."

"그런소리 마라. 재물은 있다가도 없고, 없다가도 생기는 것이다. 사람의 목숨은 유한하니 이렇게 간다만 너는 기필코 소원을 이루어라. 아무리 어려운 일이 있어도 중단하거나 좌절하지 말고 뜻을 펴야 하느니라. 내 저 세상에서 너의 성공을 보고 기뻐하리라."

"명심하겠습니다. 아버님."

아들을 정성스레 뒷바라지 해온 아버지 박성삼은 끝내 한을 남기고 세상을 떠났다.

아버지의 죽음은 처화에게 큰 충격이었다.

아버지는 평생토록 농사짓는 일을 재주로 삼고 일꾼을 둘 정도로 재산을 모았고, 처화의 뜻을 이루도록 뒷바라지를 다 해왔다. 그러나 처화는 집안 일을 돌보지 않았고, 흉년에다 일본 사람에게 땅을 빼앗기는 바람에 보릿고개를 넘기지 못할 정도로 가난해지고 말았다.

아버지가 세상을 떠나자 영광읍에 사는 고리대금업자가 사립문을 밀치고 들어왔다.

"처화 너! 이번에 돈을 갚지 않으면 무사하지 못할 줄 알아라."

"지금은 도저히 갚을 길이…."

"뭐라고? 지금 못 갚는다. 네가 콩밥 맛 좀 봐야 갚을 것인가?"

처화는 난생 처음으로 갖은 수모를 당했다. 그는 할 수 없이 농사일에 손을 대고 마을 사람들과 읍내에도 나가 돈을 벌 궁리를 했다.

"부인, 강변 나루터 옆 귀영바위에 식당을 차리면 어떻겠소."

양씨 부인에게 물었다.

"손님이 있겠어요?"

"거기는 영광, 법성포, 무장 가는 길목이라 손님은 좀 있을지 모르지요."

"그럼 식당을 한번 열어 보시죠."

처화네는 식당을 열었다. 그러나 10년이 넘게 사물의 이치를 밝히기에 여념이 없던 처화는 실패하고 말았다. 식당을 실패한 처화는 이웃 영광 장에 나가서 장사도 해 봤다. 무슨 일을 해도 살림살이 경험이 없는 그에게는 힘든 고통이다.

아버지 없는 설움에 우두커니 앉아 있노라니 아득한 낭떠러지 위에 앉은 기분이었다.

다행히 그를 아끼는 한 사람이 탈이섬으로 물고기 장사를 나가도록 주선했다.

처화는 황금빛 영광굴비 시장에서 비로소 약간의 돈을 벌었다. 그리고 아버지 생전에 지었던 빚을 청산했다. 이처럼 세상물정에 눈을 뜨면서 백성의 어려운 삶을 보고 구원의 필요성을 깨달았다. 이는 처화에게 세상 이치를 알아 구도의 길에 들어서는 서광의 길목이 됐다.

'이 일을 장차 어찌할까?'

"이 나라는 양반들이 망쳤어."

"양반 밑에서 종살이를 하다가 이제 왜놈 밑에서 종살이를 하게 됐구나!"

임금님을 나랏님으로 받들고 의지하던 백성들이 방황하는 것을 보면서 처화는 깊이 생각했다. '원통하지만, 그렇다고 놀랄 일은 아니다.' 부싯돌 쓰던 사람이 성냥불에 놀라고 서양 사람들의 옷차림에 놀라고, 양반들의 호화로움에 놀란다. 한양에서는 임금님이 설탕과자의 맛에 어쩔줄 모른다 하여 북녘 설탕과 남녘 과자가 나라 망쳤다더니 결국 나라를 일본에 빼앗긴 것이다.

처화는 나라가 망한 것을 곰곰이 생각했다. '나라가 도둑맞은 것은 아니다. 깊은 병에 들어 있었기 때문이다. 정신이 올바로 서있지 않았기 때문이다. 일본의 힘은 물질이다. 총칼은 물질이 아니고 무엇이더냐? 물질은 수단일 뿐이다. 모든 물질은 정신에서 나온다. 그러니 정신이 물질의 근본이다. 정신만 올바로 가지고 있으면 능히 일본을 이기는 물질을 가질 수 있을 뿐만 아니라, 도덕의 힘으로 어지러운 세상을 구할 수가 있다. 도적이 이 나라를 빼앗았지만 정신마저 가져가지는 못한다. 도적은 정신이 물질보다 더 크다는 것을 모르니 천만 다행이로구나!'

처화는 나라가 이 모양 이 꼴로 된 것에 어느 애국지사보다 분하게 여기면서 답답해했다.

'세상에는 천 갈래 만 갈래 길이 있다. 사람의 마음에도 얽히고 설

킨 길이 있다. 사람들이 길을 찾지 못하여 헤매거늘 세상 이치를 깨쳐야 그 길들이 어떻게 통하는지를 알지 않겠는가?'

처화는 이 큰 진리를 깨칠 방도를 모르고, 깨쳐주는 이도 없어 막연하기만 했다.

그는 집에 들어 앉아 생각에 잠겼다.

"이 일을 장차 어찌할까? 이 일을…."

'푸~후!' 처화의 깊은 한숨이 구호동 골짜기를 타고 하늘로 날아갔다.

아침부터 밤까지 눈뜨고 있는 동안은 오로지 그 생각뿐이었다.

'이 일을 장차 어찌할까!'

마음의 문이 열리기를 기다리며 거기에 골몰했다. 생각이 끓어 넘칠 때는 입이 저절로 벌어져 무슨 말을 중얼거리다가도 생각이 막히면 다시 아득해졌다.

옥녀봉 위에 올라 노을지는 해넘이를 보고 삼밭재 마당바위에 앉아 찾지 못한 산신령을 떠올리기도 하지만 마음은 답답하기만 했다. 도사 찾던 길을 걷다가도 무슨 생각이 잡힐 듯하면 우두커니 돌부처가 됐다.

"허허, 참 안 됐어."

"누가 아니래, 아버지 잃고 혼자 살아가려니 힘든 모양이지."

"그렇다고 정신을 놓으면 쓰나."

돌부처가 된 처화를 보는 마을 사람들이 수군대는 소리다. 그렇지만 처화에게는 그런 소리쯤은 귓바퀴 근처에도 못 들어온다.

'이 일을 장차 어찌 할까?'

가슴에 뭉쳐진 의심덩어리, 그 실마리를 찾지 못하면 한 목숨 불타버리고 말지언정 뒤로 물러설 수는 없다고 굳은 결심을 했다.

그는 산을 오르내렸다. 몸을 씻고 기도를 했다. 끼니를 거르며 며칠 동안 집에 오지 않았다. 신령스런 산의 정기에 휩싸였다. 산의 정기가 산줄기를 타고 이동하는 것을 본다. 맥맥히 흐르는 정기가 백성들을 살아 움직이게 하고 절망과 같은 어둠이 지나가면 해는 다시 떠오른다.

그러나 떠오르는 해는 아직도 처화의 편이 아닌가 보다.

이보게, 처화! 정신 좀 차리게

"어, 처화, 몸도 생각하게. 그러다가 큰 병이라도 나면 어쩌려고 그래?"

처화보다 열 살은 더 위인 김성섭이 외딴 집에서 구도를 하는 처화를 찾아 따뜻한 위로와 걱정을 아끼지 않았다.

"선생님은 여느 양반하고는 다릅니다. 이렇게 고생하시는 것은 큰 뜻이 있기 때문입니다. 비록 제가 어리석은 아낙네이나 선생님의 불편하심을 덜어드리고자 합니다."

주막을 하면서도 처화의 어려움을 도와주는 아낙네가 김성섭 어른께 하는 말이다.

그녀는 주막을 하면서 처화를 돕다가도 장사가 안 되면 품앗이로 밭을 매주고 양식을 얻어다 정성을 기울였다. 그러나 구도에 몰두하는 처화의 기골은 날이 갈수록 눈뜨고는 볼 수 없다. 온몸에 종기가 나 고름이 흘러내리고, 배가 물동이처럼 부어올랐다.

'아! 선생님이 지닌 지난날의 늠름한 기상과 장대한 기골은 어디로 갔단 말인가?'

주막 아낙이 소스라치며 혼잣말을 했다.

'비나이다. 천지신명께 비나이다. 큰 뜻 품고 고생하는 우리 선생님 소원 성취 이루도록 천지신명께 비나이다.'

처화를 보다 못한 아낙이 정화수 앞에서 날마다 천지신명께 올리는 기도소리다.

"아니, 무엇하고 있는 것이오."

"저저…. 선생님의 소원 성취를 빌고 있습니다."

"말해보구려. 내 무슨 소원인지?"

"선생님을 영광군수 되게 해달라고 빌고 있습니다."

"나를 위해 빌어주는 것은 고마우나 내가 군수가 되어 부귀영화를 누릴 생각이면 이 고생을 왜 하겠소?"

"어찌 부귀영화를 싫다하십니까?"

"이 어지러운 세상에 자기 혼자만의 복을 구한다는 것은 옳지 않은 일이오. 이왕 복을 빌어 주려면 이 세상 모든 사람을 구하는 능력을 내려 달라고 해주시오."

"큰 어른의 깊은 뜻을 몰랐습니다. 이제 만국 양반이 되어달라고 빌지요."

처화가 기도하는 노루목 외딴집 지붕이 잡초가 무성하고 비가 오면 방에 배를 띄울 정도다. 그러나 '이 일을 장차 어찌할까?' 뿐이다.

"참 불쌍해라. 처화가 문둥병에 걸렸다지?"

"뭐? 문둥병!"

마을 사람들이 처화가 궂은 병에 걸렸다하여 노루목 근처는 얼씬도 하지 않는다.

이런 처화에게는 큰형과 같은 김성섭이 또 나섰다.

"여보게 이 사람아! 정신 좀 차리게. 이게 어디 사람 꼴인가? 길은 좀 멀다만 고창 심원에 자네가 있기 편한 초당 하나 마련했네. 거기에서 좀 머무르게."

초당은 김성섭이 알선해 준 것으로 전북 고창군 심원면 연화봉에 있다.

처화는 연화봉 초당에서 겨울 동안 이불도 없이 솜옷 하나로 보냈다. 가끔 별을 보며 무한한 신비감에 사로잡히곤 했다.

연화봉에서 돌아온 후로는 자주 망각에 빠져들었다. 하루는 부인이 탄식을 하며 큰 소리로 불러 깨웠다.

"여보!"

"그랬군, 음~ 이 일을 장차 어찌할꼬?"

비로소 눈을 뜬 그는 혼자 중얼거리듯 말했다.

입정과 출정 오! 망각의 바다여!

처화는 마음을 가다듬으며 번뇌를 끊고 정(定)에 이르렀다.

'정'은 자신도 모르는 고요함으로, 마음을 가다듬고 정신을 통일하여 번뇌를 끊고 진리를 깊이 생각할 때 이루어진다. 정에 들어가는 것을 입정이라 하고 깨어나는 것을 출정이라 한다.

처화는 입정하는 일이 잦아지면서 '이 일을 장차 어찌할까?'하는 생각이 점점 줄어들었다.

때로는 마음의 문이 열리면 밝은 지혜가 떠올라 환한 얼굴에 미소를 띠고, 잠시 지혜의 문이 닫혀 캄캄해지면 아무것도 알 수 없게 되어 어찌할 바를 모른다.

법성포 장날이다.

처화는 정신이 맑아져 환한 얼굴에 엷은 미소를 띄우며 선진포 나루터에 이르렀다.

선진포는 법성포를 가기 위해서 배를 이용하는 나루터다.

그가 잠시 하늘의 구름을 바라봤다.

무더운 여름날의 긴 해가 서산마루에 걸리고 나루터의 느티나무는 그림자를 길게 드리우고 있다.

맴~, 맴~, 매~엄.

극성스런 매미울음도 그치고 더위가 수그러들고 법성포에 나갔던 사람들이 돌아왔다.

"아이고, 저 사람 보소. 돌부처가 되었네 그려."

"저게 죽은 박성삼 아들 처화가 아닌가?"

"아니 어쩌다 쯔쯔쯧…."

사람들이 그를 보고 깜짝 놀라 수군거리다가, 혀를 차며 그 중 한 사람이 구호동 집으로 달려가 양씨 부인에게 알린다.

"여보, 제발 정신 좀 차리세요."

남편 처화가 꿈쩍도 않고 돌부처 그대로 있다.

"제발 정신 좀 차리세요. 흑흑…."

부인이 그를 붙들고 슬프게 울었다. 평생 한 번도 듣고 보지 못한 일이어서 집 식구들의 걱정은 이루 말할 수 없다.

부인은 점쟁이를 찾아가 점을 치기도 하고 소경을 불러 경을 읽기도 한다.

양씨 부인은 산골짜기 기도터에 정화수를 떠놓

고 사방으로 아홉 차례 씩 절을 올렸다.

“비나이다. 비나이다. 신령님께 비나이다. 우리 양반 병이 낫게 하시고, 우리 양반 하시는 일 소원 성취 이루게 하소서.”

정화수 떠놓고 빌고 또 빌어도 신령은 대답이 없다.

처화 자신도 제 정신이 들 때는 영문을 몰라 ‘휴~ 휴~’ 한숨을 쉬

며 괴로워했다.

이를 보다 못한 성섭이 "고집스런 사람…. 어찌 가시밭길을 가려 하는가? 그래, 영 그러시다면 꼭 깨우치게나. 꼭 이루시게나. 내 일 또 옴세."

'백척간두 허공에서 은산철벽 부딪히니.

이 일을 어찌 할꼬, 장차 이 일을 어찌할꼬.

선진포 강변에서 처화가 돌장승이 되었네.'

성섭은 일제치하 백성들의 고단한 삶을 보고 '장차 이 일을 어찌 할꼬'로 시작된 처화의 구도 과정을 보아왔다. 그리고 고뇌에 젖어 부스럼과 산발머리에 몇 날 며칠을 강변에서 석상처럼 서있는 거지꼴을 보며 애처롭게 노래했다.

진리를 깨치기 위한 처화의 고통은 어느 세월에 풀릴 것인가?

오! 망각의 바다여!

장항대각상

26세, 1916년 4월 28일 이른 새벽.
동쪽 하늘이 밝아오는 것을 보고 문득 마음이 밝아지고 모든 의심이
일시에 다 풀려서 마침내 일원의 진리를 크게 깨치다.

황홀하고 신비로운 생명의 기쁨이여!

처화는 아직도 입정상태 그대로다. 그는 긴 골짜기를 헤매고 있었다. 하늘에는 먹구름이 끼어 별빛 하나 없는 밤이다.

어디서 한줄기 시원하고 맑은 바람이 불어온다. 구름이 걷히고 밝은 달이 허공에 두둥실 떠올랐다. 삼라만상의 모습이 훤히 드러난다.

처화도 서서히 깨어났다.

이른 새벽이다. '꼬끼오' 장닭이 홰를 치며 먼동을 보내고 있다.

봄날의 새벽 공기가 처화를 감싸 돌고, 옥녀봉 초록향기가 코끝에 스며왔다. 머리가 맑아지며 몸은 가벼웠다. 전에 없던 새로운 기운이 솟았다. 그래서 처화는 사립문을 나섰다.

초롱초롱 별 하나가 산봉우리로 별빛을 쏟아냈다.

우주 만물이 힘찬 생명의 고동을 울리고 있었다.

오! 황홀하고 신비로운 생명의 기쁨이여!

휘황찬란한 진리의 불빛이여, 온 누리에 가득하여라.

갑자기 처화의 몸에 밝은 기운이 휘감기고 있었다. 그는 숨을 들이켰다. 그 때다. 대기속의 흰 빛줄기가 파고들었다. 드디어 천지

만물이 밝아지기 시작했다.

그의 가슴속에 굳게 뭉쳐 있던 의심의 덩어리들이 녹아내리기 시작했다. 천지만물의 온갖 조화, 영원히 살아있는 진리며 인생의 길이 보이기 시작했다. 신기하리 만큼 모든 것들이 한줄기 생각에서 벗어나지 않고 한 울타리 안으로 들어와 질서 있게 자리를 잡는 것이다.

봄바람에 달이 뜨니
온 누리 밝아오네.
새벽별이 초롱초롱
어제도, 오늘도,
내일도 열어주네.
만유가 한 몸이구나
숨결 고운 꽃이로다.
열렸구나 열렸구나
밝은 문이 열렸구나.

처화의 입에서 기쁨의 노래가 나오고 있다.

처화는 어제와 다른, 전혀 다른 사람이 됐다. 온갖 의심들이 풀린 그의 가슴 속에는 천지 만물의 형상과 이치가 뚜렷하게 자리 잡았다. 우주도 둥글고, 만물도 둥글고, 온 세상이 다 둥근 모습 그대로다.

일년 삼백 육십 일에
사시 사철 돌아와서
산은 또한 산이 되고
물은 또한 물이 되어
천지만물이 되었도다.

깨달음의 노래가 술술술 흘러나오고 있다. 그가 기쁨을 억누를 수 없어 옥녀봉을 단 숨에 올랐다. 마을에 새벽안개가 자욱이 깔리고 있었다. 너무나 고요하고 평화롭다. 인간세상을 내려다보면서 이것 저것 생각에 잠겼다. 이젠 막힘이 없다. 해답이 줄줄이 쏟아져 나온다.

대막대기에 정기를 불어넣어 부처님을 만들 수 있을 것 같았다. 20년 동안 고통의 그늘에 가려있던 기쁨이 한 번에 밀어닥쳐 그를 어쩔 줄 모르게 했다.

처화! 만인의 햇님, 달님, 별님.

우리 아들은 햇덩이, 달덩이다!

"누가 되었든 무엇이고 물어보시오. 의문이 있다면 물어보시란 말이요."

처화는 무슨 질문을 받아도 대답 할 자신이 생겼다.

천구백십육년 사월 스무여드레!

먼동이 트는 봄날의 아침

처화의 나이 스물여섯이다.

그는 노루목에서 그 날의 둥근 해를 환한 웃음으로 맞이했다.

그동안 고통스러웠던 나날의 모습들이 생생하게 떠오른다. 그는 자신의 모습을 훑기 시작했다.

'아! 이 꼴이 뭐람? 이 옷 좀 봐.'

고통스러움이 역력한 몰골에 부끄러움이 앞섰다.

'사람들 속에 부처도 있고, 성현도 있다. 그런데 이렇게 옷이 남루하고 내 모습 또한 이렇게 추한 것은 웬일인가?'

그는 머리를 빗고, 손톱도 깎고, 얼굴도 씻었다. 배가 고파와 아침밥도 챙겨 먹어야 겠다.

마침 그를 돕고 있는 아낙이 들어왔다.

"아니, 이 어르신이 누구신가요?"

아침 햇살에 광채가 솟아나는 처화의 얼굴을 본 아낙이 휘둥그레 눈을 뜨며 놀랐다. 그녀는 어머니와 아내, 양씨부인이 머물고 있는 구호동 집으로 쏜살같이 달려 갔다.

"장기촌 댁! 장기촌 댁!"

사립문을 들어서자마자 양씨부인의 택호를 불렀다.

"왜 그런대요?"

"어른께서 오늘 아침에 이상하게 달라졌어요."

"달라지다니요? 그게 무슨 말이에요?"

"이제 병이 나으셨나 봐요. 얼굴도 씻고, 옷도 갈아 입으시고, 조반도 드셨답니다. 환하게 웃으시는 얼굴이 해님이고 달님 같이 훤해졌다니까요."

"뭐요? 그이가…."

"아니 우리 아들이."

아낙의 말에 놀란 양씨부인과 나이 드신 어머니께서 믿어지지 않는 듯 허겁지겁 노루목으로 달려갔다.

"어머님, 여기를 어떻게 오셨어요."

광채 솟는 얼굴에 인사하는 말투부터가 예사 아들이 아니다.

"우리 아들이 다른 세상에 가 있다가 이제야 제자리에 돌아왔구나. 어디 한번 만져보자."

어머니는 달덩이 같은 아들의 얼굴을 어루만지며 기쁨의 눈물을 흘렸다.

"여보, 당신이 이렇게 새롭게 변하다니. 이게 꿈인가요? 생시인가요?"

"무엇을 그리 신기하게 보시오? 별일이구료."

새 사람이 된 처화는 아내에게 짐짓 통명하게 말하고는 환한 웃음을 띠었다.

"어머님, 그동안 걱정을 끼쳐드려 죄송합니다. 부인도 고생 많았소이다. 이제는 괜찮으니까 걱정 마시오."

양씨 부인의 얼굴에서도 기쁨의 눈물이 흘러내렸다.

새롭게 태어난 처화는 남다른 눈으로 세상을 바라보기 시작했다.

만유가 한 체성 만법이 한 근원

얼마 후 동학교도 몇 사람이 노루목을 찾아왔다.

"동학이야 말로 세상을 구하는 참된 가르침이지요. 그런데 이 도가 바로서지 않아 세상이 어지러운 것이 아닙니까?"

"그러게 말일세. 사람이 군자가 되고, 배움이 도덕을 이루니, 도는 바로 하늘의 도요, 덕은 하늘의 덕이라 하였네."

"나에게 신령스러운 부적이 있으니, 그 이름은 선약이요 그 모양

은 태극으로 두 활을 합쳐 놓은 것이라는데…."

그들이 세상의 큰 이치를 깨닫고 있는 처화 앞에서 동학사상과 태극을 말하며 무슨 뜻인지를 알지 못해 서로 고개를 갸우뚱했다.

처화가 그들의 말을 듣고 있는데 저절로 그 뜻이 머릿속에 분명하게 떠올랐다. 이상한 일이다. 그는 분명 동학의 경전을 본 적도, 들은 적도 없다.

"암, 그렇지! 옳은 말씀이야."

처화는 동학도들 앞에서 무릎을 쳤다. 조상들의 여러 신앙을 합쳐 동학을 세우고 '만백성이 인간답게 사는 세상을 만들어야 한다'고 주창한 *최제우가 갑자기 선명하게 보인다.

또 애국 애족의 정신으로 자주 독립을 외치며 정읍 고부에서 혁명을 일으킨 전봉준 모습이 확실히 보인 것이다.

큰 깨달음의 길로 들어선 처화는 세상 사람들의 말을 두루 귀담아 들었다.

어느 때는 선비 두 사람이 노루목을 지나다가 쉬면서 주역을 가지

*** 최제우** – (1824~1864) 동학의 창시자. 호는 수운.

고 논하고 있는 것을 들었다.

"대인의 덕과 천지의 덕은 같다. 공자 같은 군자는 천지의 덕을 갖추었는가? 해와 달의 빛으로 어둠을 밝혀주는 것처럼 군자가 해와 달이 되어 어두운 세상을 밝혀 준단 말인가?"

"군자의 밝은 덕은 사람의 마음 속까지 비추므로 어두운 세상을 밝히는 게 아니겠소?"

"그럼 우리나라가 왜놈들에게 먹히고 백성들이 못살게 된 까닭은 무엇이오?"

"성인군자의 발자취가 끊어졌기 때문이죠."

"군자의 밝은 덕이 이 땅에 비추지 못함은 무슨 까닭이오?"

"세상을 원망할 필요는 없단 말이오. 분명 이 어지러울 때 군자가 나오고 성인이 나올 것이요."

처화는 두 사람이 주역에 대하여 나누는 이야기를 들으면서 천지의 덕과 대인의 덕을 곰곰이 생각했다. 그의 머릿속에서 그 뜻이 환하게 풀어지는 것이다.

영광 오지 영촌 마을에서 태어나 글공부를 제대로 받지 못하고 20년 동안 간절히 소원하고 정성을 다한 자신의 깨침을 이렇게 밝혔다.

"만유(萬有)가 한 체성(體性)이며 만법(萬法)이 한 근원이로다. 이 가운데 생멸(生滅) 없는 도와 인과보응(因果報應)되는 이치가 서로 바탕하여 한 두렷한 기틀을 지었도다."

아! 이 큰 깨달음이여!

이 두렷한 기틀은 천대 만대 우주와 같이 운행 될지어다.

이 큰 깨침은 그를 기쁘게 했다. 맑은 바람이 솔솔 불어 밝은 달이 두둥실 떠오르고, 우주의 삼라만상이 저절로 드러나는 것을 볼 때의 기쁨 바로 그 자체였다.

처화의 모습은 나날이 달라졌다. 몸의 종기가 말끔히 가시고, 야위었던 얼굴에 살이 올라 큰 키에 우람한 기골이 본래로 돌아섰다. 예전과 다른 것은 보름달과 같은 얼굴에 감도는 미소와 두 눈의 광채다.

"어쩌면 저렇게 다르지?"

"누가 아니래, 꼭 부처님 같아."

새 부처님 우리대종사!

처화에게 친 동생처럼 변함없이 도와주던 김성섭이 제일 먼저 찾아왔다. 이어서 그림자처럼 곁에서 도와주던 아낙도 찾아왔다.

"지난 날의 의심들이 대낮 같이 밝아지셨소. 내가 한문을 좀 배웠기로 자네의 큰 깨침에 비교되겠는가? 이제는 자네에게서 배워야겠네."

"아이고, 어르신 천지신명께서 소원을 들어주셨어요."

처화는 이 두 사람의 은혜가 한없이 고마웠다.

'나의 깨침은 은혜로 이루어졌다. 하늘과 땅의 은혜가 그 첫째요. 나를 낳고 길러준 부모가 둘째며, 성섭과 저 아낙과 이 세상 모든 인연들이 셋째다. 그리고 세상을 평화롭게 유지시켜주는 법률이 넷째로다!'

그는 기뻐하는 가족들을 보면서 더욱 은혜의 소중함을 절실히 느꼈다.

"네가 내 아들이냐? 그리고 넌 큰 딸…."

노모와 양씨부인, 돌 지난 아들과 딸이 바르게 보였다. 가족의 소

중함이 보인 것이다.

처화의 바쁜 생활이 시작됐다.

먼저 고유의 신앙과 유교, 도교, 불교 등 성현들의 가르침에 눈을 돌렸다.

"성경 좀 빌려주시오. 기독교의 진리를 알고 싶소. 사서삼경을 빌

려주시오. 유교의 진리를 알고 싶소. 금강경을 빌려 오시오. 석가모니의 가르침이 무엇인지 알고 싶소."

오랜 세월 홀로 구도에 전념한 처화는 무엇부터 손을 댈지가 막막했다. 외세를 물리치기 위해 세운 동학이 다가왔고, 민족 고유의 바탕으로 일어난 증산교도 마음을 사로잡았다.

'아! 이 깨침, 이 진리. 조목조목 짚어 보니 버릴 것 하나 없네.'

공자님의 도덕과 인의 사상, 예수님의 사랑, 석가모니님의 자비 정신이 처화의 깨우침, 일원사상과 다를 바가 없는 것이다.

그래도 처화를 감탄시킨 것은 부처님의 마음작용, 금강경이었다.

'금강은 내 마음에 깊아 있는 자성의 바탕이로다! 또 반야는 자성 광명이 아니겠는가!' 불갑사에서 구해온 금강경을 읽어 내려가던 처화가 무릎을 탁치며 올린 탄성이다.

'만민을 구원한다는 종교들이 서로 다툰다는 것은 이치에 맞지 않다. 모든 종교의 뿌리는 둥그런 울타리 안에 받아들여 불교의 참 정신으로 엮어서 새롭게 펴나가야겠다' 는 그의 다짐은 금강석보다 더 단단하다.

그를 낳은 영광은 불법의 성스러운 자취가 서린 곳이다. 불교를 처음 전한 '*마라난타' 존자가 첫발을 디딘 법성(法聖)포가 법의 성지고, 그가 읽은 금강경도 불갑사의 것이다.

깨달음을 얻은 노루목은 법성포에서 구수산 밑까지 이어지는 물길을 따라 들어와 포구에 올라서면 바로 닿게 되는 해와 달과 별이 머무는 성스러운 곳이다.

스물여섯 한 젊은이가 부름을 받아

새롭게 태어난 소망의 땅이요, 일깨움의 땅이다.

먼동이 터 오르는 봄날의 이른 아침 우렁찬 소리에

하늘이 열렸어라. 만유가 한 체성 만법이 한 근원

두렷이 깨치었네. 새 부처님 우리대종사.

기쁘다 대각하셨네. 새 회상 열으셨네. 기리세 대종사님!

노루목 대각의 만고일월(萬古日月)

온 세상 구원의 빛이 퍼져나가도다.

새 부처님 우리대종사!

***마라난타** – 백제에 처음으로 불교를 전한 인도 승려.

영산방언상

구인제자들과 함께 영산 앞의 갯벌을 막아서
간석지 사업을 전개하다.

저 갯벌을 보시오!
수 만평의 옥토로 바꾸리다

"세상에 태어나 보람 없이 살다 가면 허무한 일이 아니겠습니까?"

장항대각을 이룬 박중빈이 김성섭에게 찾아가 물었다.

"그대가 도를 얻은 것은 만민이 기뻐할 일이네. 마땅히 뜻을 펴서 만민을 구제하는 일에 나서주기 바라네."

대각을 이루는 과정에서 많은 도움을 준 김성섭이다.

"나는 이름 있는 집안의 자손도 아니요, 재산도 없을 뿐만 아니라 배운 것도 없는데 사람들이 나를 믿으려 할까요?"

"그대가 20년 동안 홀로 공부하여 진리를 깨친 것은 누구나 할 수 있는 일이 아닐세. 나라가 이렇게 어지러울 때 만민을 위해 훌륭한 일을 할 사람은 자네뿐일세."

김성섭은 이렇게 말하면서 힘껏 도와 줄 것을 약속했다.

"형님의 은혜가 태산 같은데, 나는 무엇으로 갚아드리죠?"

"그렇다면 내 청을 하나 들어 주겠나?"

"청이라뇨?"

뜻밖의 말이라서 중빈이 어리둥절 했다.

"많은 사람들이 그대의 제자가 되기 위해 찾아오거든 나도 함께 거두어 두게. 그대에게 진리를 배우고 싶네."

"형님의 깊으신 뜻을 알겠습니다."

두 사람은 손을 굳게 잡았다.

김성섭이 중빈의 첫 번째 제자가 된 것이다. 근방에서 제일가는 한학자요, 재산도 나이도 많은 형님이 제자가 됐다는 소문이 재빠

르게 퍼져 나갔다.

이어서 탈이섬 장사로 나갈 때 도와주던 이인명이 찾아오고 장에 나갔다가 '세상을 구할 스승이 나타났다'는 소문을 듣고 이재풍이 왔다. 어느새 제자되기를 원하는 사람들이 40명으로 늘어났다.

그러나 그들 중에는 박중빈이 병을 고쳐준다던지 재물을 얻게 하는 등 신통력을 바라보고 오는 사람도 있었다.

중빈은 이들 중에서 진실되고 믿을 만한 여덟 사람을 챙겼다.

"그대들이 나를 따르는 것이 무슨 일을 하기 위함인지 말해 보시오."

"스승님께 법도를 배워 세상에 널리 펴기를 원합니다."

"그대들이 원하는 일은 하늘이 지켜볼 것이오. 도중에 마음 변하지 말고 공부해주길 바라겠소."

여덟 제자가 굳게 다짐했다.

스승이 된 박중빈은 모임의 짜임새를 갖추기 위해 열사람이 모여 앉도록 하고 중앙 한자리를 비웠다.

그 자리가 2년 후 경상도 성주에서 스승 찾아 나선 송도군의 자리다.

큰 깨침을 배우는 9인 제자의 이름은 김성섭, 김성구, 박한석, 유성국, 박경문, 이인명, 오재겸, 이재풍, 송도군이다.

이들 스승과 아홉 제자 아홉 사람이 한 마음이 되어 회상 건립의 주춧돌을 놓은 것이다.

먼저 정관평 방언공사가 시작됐다.

원기3년(1918 · 무오戊午) 3월이다.

"저 갯벌을 보시오. 저 수만 평의 갯벌을 옥토로 만들 것이오."

"아, 어떻게 그 큰 일을…."

영차! 영차! 새로운 문명세계를 위해

"우리는 빈손이나 마찬가지인데 그 엄청난 일을 할 수 있을까요?"

"크고 어려운 일을 하려면 희생이 따라야 하오. 어떠한 고난이 따르더라도 꼭 참고 힘을 합해야 하오."

박중빈을 스승으로 모시며 따르던 제자들조차 바다를 막는 큰일

에는 엄두조차 못 낼때 단결과 협동을 강조했다.

1918년 3월 바다 물막이 공사가 시작됐다. 장비와 기술이 절대 부족한 가운데 시작된 것이다. 먼저 새끼줄에 돌을 달아 물의 깊이를 측량하고 소나무 작대기를 여기저기 꽂고 둑 쌓을 곳을 표시하고 제자들은 지게로 단단한 갯벌의 흙을 져 날랐다.

주변 사람들에게 생전 본적이 없는 구경거리가 생긴 것이다.

"아니, 저 사람들 뭐하는 거여?"

"갯벌을 막아 논을 만든다는 것이 아닌가?"

"논을 만들어?"

"오래 살다보니 별일 다보네."

"저 갯벌에서 나락이 자란다고…. 아이고, 저 망둥어가 웃겠다."

법성포 시장을 다녀오는 사람들 마다 박중빈이 하는 일에 불가능한 일이라며 입방아를 찧고 있다. 그러나 그에게는 '하늘은 스스로 돕는 자를 도와준다'는 큰 힘이 있다. 불가능한 일이라던 저축조합을 이루었고, 자금을 만들기 위해서 온갖 노력을 다했다.

"저 큰 일도 가난한 농사꾼이라 해서 못하는 법이 어디 있겠는가? 저들이 벌이는 숯장사를 보니까 재주가 보통은 넘어."

그들의 하는 일에 조금은 긍정적으로 보는 사람이 생기기 시작했다. 그렇지만 워낙 큰 공사이므로 저축조합의 자금으로는 도저히 버틸 수 없게 됐다. 박중빈은 밭과 집안 살림살이까지 팔아넘겼다. 조합원들도 자금을 대기 위해서 논문서 밭문서를 내놓기는 마찬가지다.

밀물에 쌓았던 둑이 씻겨나가기도 했다.

"헛고생만 하고 아까운 돈만 바다 속에 버리고 있구나."

"누가 아니래. 저 갯벌에서 쌀이 나온다면 내가 열 손가락에 불을 붙여 하늘로 올라가겠네."

사람들이 물막이 공사를 불가능 하다고 보는 이유가 또 있다. 그는 얼마 전까지 자기 집안 살림조차 꾸리지 못했다는 점이다. 그러나 박중빈은 어떤 소리에도 아랑곳 하지 않고 공사를 진행했다. 그러면서 수시로 제자들을 격려하고 용기를 북돋아 주는 큰 지도자가 되어갔다.

"처음에는 고생하는 법이오. 그렇지만 남이 하지 않은 일이라 재미도 있고, 보람도 있는 것이오. 어떤 일이나 내가 창조자가 되어야 보람을 얻을 수 있소. 우리의 도학은 여러 성인의 가르침을 통합하여 도학과 과학을 향해 새로운 문명세계를 열 것이오. 힘내시오!"

박중빈의 새로운 세계를 향한 굳은 의지와 각오가 의연했다.

길룡리 앞바다는 조수 간만의 차이가 심하여 한 달 중 조금 때인 보름동안만 공사를 제대로 할 수 있다. 사리 때에는 낮에 작업하는 시간이 얼마 되지 않았고, 물이 들어왔다 나가면 개펄이 질어서 일을 못하는 어려움이 생긴다. 그래도 봄에 시작된 물막이 공사는 삼복더위를 지나 가을에 접어들자 갯고랑에 바닷물이 끊기고 둑의 길이가 제법 길어지는 것을 보면서 박중빈과 그 일행은 더욱 자신감을 가졌다.

"아, 바닷물과 싸워 이긴 보람이여!"

맨 몸으로 물구멍을 막다니!

조합원들에게 상상도 못했던 물막이 공사(방언공사)가 현실로 다가섰다.

그래서 마을 사람들의 생각도 달라졌다.

"오메, 저 둑 좀 보소. 정말 무서운 사람들이네. 저런 정성이면 바위라도 뚫겠네. 어디서 저런 힘이 나올까?"

"이제 보니, 저 구수산도 바다로 옮겨 놓을 사람들이야."

여기저기에서 사람들이 모여든다. 중빈이 저축조합원들만으로는 마무리 공사를 할 수 없으므로 일손을 구한다는 광고를 냈기 때문

이다.

"영산 방언공사장으로 일하러 가세!"

"조합 땅이 되면 소작농을 할 수도 있을지 몰라?"

농한기가 되니까 사람들이 다투어 공사장으로 몰려들었다.

공사가 한층 활기를 띠기 시작했다.

옥녀봉이 움직인다, 촛대봉에 불 밝혀라.
김가 이가 옥토인가, 박가 최가 옥토인가.
우리 여기 나락 심고 밤낮으로 거두어서
늙은 부모 봉양하고 처자식도 먹여보세.
호강일세. 호강이야 이 많은 것 어찌할까.
다 큰 자식 장가가고 다 큰 딸년 시집간다.
호강일세. 호강이야 이 많은 것 어찌할까.
일가친척 함께 먹고, 영광거지 나눠 주세.

쓸모없던 영산갯벌이 옥토로 변해가는 모습에 농부들의 얼굴에 구슬땀이 솟아나고 노래 가락이 아흔아홉 봉우리 구수산에 메아리쳤다.

아낙네들은 들밥을 나르고, 철부지 어린이들도 '야 재미있다' 소리치며 갯벌로 들어와 야단법석이다.

"이놈들 다치겠다. 조심해야지."

어린이를 무척이나 사랑하는 중빈이 '저 아이들도 이젠 밥을 굶지 않겠지' 생각하니 밝은 미소가 절로 나왔다.

가을이 다 가고 추운 겨울이 다가올 무렵이다.

저축조합을 중빈 다음으로 이끌고 있는 김성섭이 횃불을 들고 방언 둑을 돌아봤다.

“엇! 무슨 소리야?”

소스라쳐 놀라며 살펴보니 방언 둑 안쪽으로 바닷물이 들어오지 않겠는가? 구멍이 크게 뚫린 것이다.

그 동안의 흘린 땀과 정성이 물거품이 된다는 생각을 하니 앞이 캄캄했다. 저축조합원을 부를 겨를이 없었다.

‘할 수 없지 이 몸으로’ 김성섭은 몸으로 구멍을 막았다.

겨울 바닷물이 뼛속까지 저려오고 정신이 흐려졌다. 다행스럽게 다른 조합원이 몸이 식어가는 김성섭의 죽음 직전에 발견하고 구조했다.

수포로 돌아가려던 영산방언공사를 구해낸 김성섭은 사흘이 지난 뒤에야 의식을 되찾았다.

‘장하도다! 그 이름 김성섭, 그 희생정신은 영산방언 공사의 공덕으로 영원하리라.’

중빈과 조합원들의 김성섭에 대한 한결같은 생각이다.

이렇게 고비를 넘긴 공사는 착착 마무리가 되어갔다.

영산방언은 내 것이 아니라, 만민의 땅이오!

"세상에 이런 일도 있나?"

"돈과 권세만 있으면 최고야?"

"우리가 이룬 땅을 통째로 삼키려는 저 자를 그냥은 못놔둬!"

"스승님, 이일을 어찌하면 좋겠습니까?"

방언공사로 만들어 놓은 정관평을 돈과 권력을 미끼로 자기것으로 만들려는 권세가가 일제관청에 들어가 서류를 낸 것에 조합원들은 분노와 억울함을 호소했다.

"마음을 가라앉히고 들으시오. 남을 미워하거나 원망을 할 게 아니라, 하늘이 우리의 정성을 시험하는 것이라 생각하시오. 모든 일은 올바른 쪽으

로 결말이 나오는 법이오. 설사 우리의 노력이 물거품이 된들 저 땅을 누구든 차지한다 해도 그 것은 우리의 덕이 아니겠소?"

"애당초 세상 사람들에게 두루 이익이 되는 일을 하겠다는 것이 우리의 뜻인 바, 비록 그 사람의 차지가 되어 우리의 뜻이 어긋난다 해도 생각해 보면 그 사람도 세상 만민의 하나이니 그리 섭섭할 것 없소."

"어쨌든 거기에서 나는 쌀을 누가 먹을 것인지를 생각해 보시오. 농토를 일본 사람들에게 빼앗기고 헐벗고 굶주리는 우리 백성이 먹을게 아니오?"

"이 어려운 시기에 영광 산골에 새 농토가 생긴다는 것은 누구의 소유이든 간에 모두 함께 기뻐할 일이 아니겠소?"

"아! 정말, 넓은 바다 같은 분이시지."

"누가 아니래."

"그래도 그럴 것이 목숨을 걸고 만든 땅을 빼앗긴다고 생각하니…."

분노와 억울함을 참지 못하던 조합원들도 박중빈의 크고 넓은 성자의 마음을 따르지 않을 수 없었다.

그래서 냉정을 되찾았다.

결국 영산방언공사로 만들어 낸 땅은 저축조합의 권리로 인정됐다.

삼복 더위 엄동설한

참고 이긴 보람으로

영산방언 튼튼한 둑

바닷물 막아내고

희망의 땅 만들었네.

만민의 땅 만들었네.

얼~싸 좋다 얼~싸 좋아.

박중빈과 조합원들이 권리분쟁에서 이기고 기쁨의 노래를 불렀다.

이 용감한 사람들은 85,800㎡(2만6천평)나 되는 드넓은 땅을 3 · 1 독립만세운동이 일어난 1919년 3월 산간벽지 영산에서 간척함으로써 새로운 역사를 창조한 것이다. 일본에게 농토를 빼앗기고 고향을 등지며 눈물을 흘리던 시기에 박중빈이 중심이 되어 이

루어 낸 땅이다.

영산방언은 스스로 일어나는 자립정신과 만민을 잘살게 하는 공익정신의 실천이다. 이들은 자기들의 주장을 소리 높이 외치는 것이 아니다.

묵묵히 실천함으로 대중을 일깨웠다.

일제의 식민지 탄압에 맞서면서 더 높은 이상을 향해 굳세게 나아갔다.

혈인법인상

진리 앞에 사무여한의 기도 서원을 올리다.

백지장에 혈인의 이적이 나타나 새 회상 창립의 법계 인증을 얻게 되다.

말 조심해! 감히 우리 스승님 한테….

동학으로 불리던 천도교의 손병희를 중심으로 불교, 기독교 대표 33인이 작성한 독립선언문이 1919년 3월1일 서울 탑골공원에서 최초 낭독되고 독립만세 운동이 전국방방곡곡으로 퍼져나갔다.

한반도를 식민지로 만든 일제가 깜짝 놀랐다.

종교단체나 종교인을 향한 칼날을 곧추세운 것이다. 전라남도 영광경찰서 수사과도 한층 바빠지기 시작했다.

"거, 백수면 길룡리에 저축조합을 세운 박중빈이란 자가 있다는데 조사해봐!"

"하이, 본관이 맡겠습니다."

"홍 순사가 맡겠다고?"

"하이."

"그자가 보통이 아니야. 간척사업을 벌여 수백마지기 논을 만들고 있다는 소문이야."

간척사업이 끝나갈 무렵, 영광경찰서 순사가 길룡리 저축조합에 나타난다.

"박중빈, 나오지 못할까?"

일제의 꼭두각시나 다름없는 한국인 홍 순사가 방언공사 일을 상의하던 저축조합 문을 활짝 열며 소리쳤다.

"말 조심해! 감히 우리 스승님한테…."

"뭐? 스승님이라고."

"그래, 당장 잘못을 빌지 않으면 무사하지 못할 줄 알라!"

혈기 왕성한 한 제자가 무섭게 대들었다.

박중빈이 그에게 조용히 타일렀다.

"저 사람이 나를 아직 알지 못하여 그러니 크게 탓 할 일이 아니오. 남을 교화시키려면 정성으로 감화시켜야하오. 질 자리에서 질 줄을 알면 반드시 이길 날이 오며 이기지 못 할 자리에서 이기면 반드시 지는 날이 올 것이니 조용히 말하시오."

그렇지만 순사는 저축조합을 샅샅이 뒤지더니 작업일지를 찾아내 품삯으로 쓰는 많은 돈이 위조지폐인지 의심했다.

"이 작은 조합에서 어떻게 수 백 명의 일꾼들의 품삯을 댄단 말이오."

순사의 거동을 지켜보던 저축조합 살림꾼 김성섭이 거들었다.

"이 거금은 조합원들이 숯장사에 담배 끊고, 술 끊으며 저축한 돈이오."

"잔말 할 것 없다!"

큰 소리는 치지만 아무런 꼬투리도 찾지 못한 홍 순사가 당황한 나머지 우뚝 서있는 박중빈을 쳐다보더니 화들짝 놀랐다.

1미터 80센티미터 키에 90킬로그램이 되는 몸무게의 위엄한 자세에 기가 질린 것이다.

홍 순사가 줄어드는 기를 되살리려는 듯 차고 있던 긴 칼을 드르륵 뽑아들더니,

"더 조사할게 있다. 경찰서로 가자!"

"뭐? 경찰서로? 안 된다. 우리 스승님을 경찰서로는 절대 보낼 수 없다."

다시 홍 순사와 저축조합원들 사이에 힘겨루기가 벌어졌다.

"별 일이 아니오. 할 일들이나 잘 하고 있으시오."

박중빈은 차분한 말로 한사코 연행되어가는 스승을 막아내려는 제자들을 안심시키며 영광경찰서로 앞장서 갔다.

도덕의 힘은 총칼 보다 세다

"박중빈! 간척사업 자금 출처를 대지 못할까?"

"조합원들의 피 땀으로 만든 순수 우리 자본이오."

"하하, 뭐라? 순수 우리자본이라고?"

"안 되겠다. 이 자를 다시 조여라."

"으으음"

"이래도 순수자본이라고 할 것인가? 독립단체와 연관이 있다는 증거가 있는데 그래도 거짓말을 할 것인가? "

"나의 말은 변함없는 진실이오."

"이 자에게 더욱 심한 고문을 하여라."

"으으으음"

고통을 이기는 신음소리가 취조실 밖에까지 크게 들렸다.

박중빈은 심한 취조와 고문을 이겨내고 일주일 만에 풀려났다. 그러나 그의 얼굴에는 오히려 광채가 솟아올랐다.

영광경찰서는 기미년 3 · 1만세운동 이후에도 영산 방언공사를 진행하는 박중빈의 저축조합에 칼날을 세우고 감시와 압박을 했다. 그런데 3월29일에 영광읍에 독립 만세운동이 일어났고, 3월30일

에는 법성포에서 계속 만세시위가 벌어짐으로 눈에 쌍심지를 켰다.

"스승님!"

"어찌 부르는가?"

"법성포에서 만세운동이 있습니다. 온 나라가 독립만세 운동이 벌어지는 이때, 우리 저축조합도 보고만 있을 수 없습니다. 우리가 할 일은 무엇입니까?"

제자들도 들끓는 의기를 참지 못하여 주먹을 불끈 쥐었다.

"제자들이 나라를 사랑하고 지키려는 마음은 참으로 옳은 생각이오. 그러나 그들은 그들의 일을 하고, 우리는 우리의 일을 할 따름이오."

"그렇지만 천도교 손병희, 기독교 이승훈, 불교의 한용운 등 종교계와 민족지도자 33인이 독립선언서를 발표한 만세운동이 아닙니까?"

박중빈과 제자들 사이에 독립 만세운동에 가담여부를 놓고 진지한 의견들이 오고갔다.

"우리들이 조선의 독립만을 목적으로 한다면 만세운동에 당연 참

여해야 하지요. 우리는 당연히 주권을 찾아야 하오. 그런데 문제는 독립만이 전부가 아니라는 것이오. 우리는 크게 생각하고 크게 죽을 줄 알아야 하오."

"크게 생각하고 크게 죽는다함은 무슨 뜻입니까?"

"그대들은 총칼의 힘보다 더욱 강한 것이 도덕의 힘이란 것을 알아야 하오."

"도덕의 힘이…."

제자들은 박중빈이 강조하는 '도덕의 힘'이 얼마나 큰가에 관심이 쏠리기 시작했다.

"우리는 저 일본만을 생각할 것이 아니라, 이 세상을 크게 바라보아야 하오. 진정으로 세상을 다스릴 수 있는 가장 큰 힘은 도덕이란 말이오. 이 진리는 하나요. 영원히 변치 않을 것이오."

"스승님! 그 가르침, 변치 않고 영원히 받들겠습니다."

제자들은 박중빈의 가르침에 고개 숙여 인사했다.

올바른 법도라면 이 한 목숨 버리겠습니다!

제자들은 간척사업을 서둘러 끝내고 박중빈의 가르침에 귀를 기울였다.

"지금 물질문명은 그 세력이 날로 융성하고, 물질을 사용하여야 할 사람의 정신은 날로 쇠약하여 개인, 가정, 사회, 국가가 모두 안정과 평화를 얻지 못하고 전쟁과 도탄에 빠져 신음하고 있소. 세상을 널리 구원하려는 뜻을 가진 우리가 어찌 이런 일을 남의 일처럼 보고만 있겠소. 옛 성현들도 세상을 건지기 위하여 지극한 정성으로 천지에 기도하며 하늘의 뜻을 감동시킨 일이 있소. 그대들도 진실한 마음과 지극한 정성으로 세상 만민의 정신이 물욕에 끌리지 아니하고 물질을 마음대로 사용하는 사람이 되어 주기를 기도하여 하늘의 뜻에 감동이 있게 하여 보시오. 그대들의 마음이 곧 하늘의 마음이라 마음이 한 번 진실하여 조금도 사사로움이 없으면 곧 천지와 더불어 그 덕을 합하여 모든 일이 다 그 마음을 따라 성공하게 될 것이오."

"스승님! 큰 법을 내려주시니 고맙습니다."

"고맙습니다."

"…."

아홉 제자들은 모두 일어나 절을 하고 지도 받기를 청했다.

"그대들의 기도해온 정성은 심히 장한 바 있으나, 나의 증험하는 바로는 아직도 천의를 움직이는 데는 먼 듯하니 지극 정성을 다하시오."

"스승님! 어찌 그러하옵니까?"

"사념이 남아있는 연고라. 그대들이 만민을 구원하기로 작정했다면 몸이 죽어 없어지더라도 기도를 하겠는가?"

"예, 그러하겠습니다."

아홉 제자들은 결연히 서산마루에 둥근 해가 넘어가자 맑은 샘물로 목욕재계 한 다음 구간도실로 모였다.

"자, 준비가 되었으면 각자 정한 기도장소로 가시오. 그리고 기도에 들어가면 그대들은 각자의 몸에 만민을 구원할 책임이 있음을 늘 명심하여야 할 것이오."

제자들은 박중빈의 말씀이 바로 법이었다. 제자들이 구수산 아홉 봉우리를 향하여 발걸음을 옮기는데 '끄르륵 끄르륵' '야옹 야옹'

'부엉 부엉' 깊은 밤 산짐승들이 제자들의 가슴을 잠시 놀라게 했다. 그러나 제자들의 굳은 마음은 산짐승을 작은 미물로 여기며 물리친다.

밤 10시가 되니 노루목 중앙 봉우리를 위시하여 구수산 아홉 봉우리가 구원의 촛불로 밝혀졌다. 이 첫 기도식이 들어간 날짜가 원기4년(1919.己未) 음력 3월 26일이다.

산상기도는 매월 6일, 16일, 26일 밤10시부터 자정에 이르기 까지

구수산 아홉 봉우리에서 이루어짐으로써 그날 밤은 세상을 구원하는 기도의 촛불이 무수한 별과 함께 밤하늘을 수 놓았다.

몇 번의 기도가 지났을 때다.

“스승님, 제가 올리는 기도의 정성이 부족한지 별다른 감응을 ….”

한 제자가 실망 섞인 목소리로 말했다.

“아니, 그대는 소중한 목숨을 기꺼이 내 놓고 올리는 기도에 무슨 약한 말을 하시오! 품안에 든 단도로 기도를 마친 뒤 같은 시각에 목숨을 바치기로 맹세하지 않았소?”

잠시 기도에 회의를 품었던 제자, 스승의 불호령이 떨어지자 크게 뉘우치고 다시 정진 기도에 들어갔다.

드디어 8월21일, 영기서린 옥녀봉 아래 구간도실이 새날을 맞이했다.

법계에 사무치는 구인의 서원이 빛나는 날이 온 것이다.

아! 옥녀봉 구간도실

옥녀봉 아래 구간도실에 모인 제자들의 표정이 대단히 밝다.

방 한가운데 상이 놓이고 그 위에 맑은 물 한 동이가 올라가 있다.

청수이다.

"사람은 누구나 죽음 앞에서는 조금이나마 아쉬움이 있기 마련인데, 그대들의 밝고 맑은 얼굴을 보니 기쁘기 한량없소."

"생사의 빠르고 늦음은 누구나 있는 것이지요. 이 어렵고 큰일에 뽑혔으니 기쁘지 않을 수 있겠습니까?"

"과연 그대들은 하늘이 이 세상에 보낸 사람들이오. 진리의 뜻으로 이 자리가 마련된 것이 틀림없소."

그들 앞에 '죽어도 여한이 없다'고 적힌 흰 종이가 펼쳐졌다. 흰 종이는 최후의 증서다. 그 종이 위에 차례로 인주없는 손도장을 엄지로 꾹 눌러 찍었다.

맨 손가락으로 도장을 찍어 그 자국이 보이지는 않았다. 손가락 자국이 겹치지 않도록 조심스럽게 각자 다른 곳에다 뜻을 표시했다.

"하늘이시여! 저희들의 기도를 들어주십시오."

9인 제자들은 그 증서를 상위에 올린 다음 일제히 엎드려 결사의 뜻을 하늘에 고했다.

제자들이 고개를 들었을 때 스승은 증서를 들여다 보았다.

"아! 저, 저 붉은 빛…."

상위에서 일어나는 기적의 현상에 신음 섞인 탄성이 흘렀다.

모두 숨을 죽이고 흰 종이를 뚫어져라 보고 있는 데, 아홉 개의 손가락 자국이 선명한 핏빛으로 선명하게 떠올랐다.

"아, 내 손가락이다!"

모두 다 자기 손가락을 확인했다.

인주를 묻힌 적이 없는 손도장이 흰 종이에 핏빛의 손가락 자국을 드러내는 기적을 나투고 있는 것이다. 불가사의한 일이 일어난 것이다.

"그대들의 숭고한 희생정신이 하늘에 이르렀도다. 그대들의 기도정성이 진리로서 판결났도다!"

박중빈이 제자들을 불러 앉히고는 백지혈인의 큰 뜻을 진리 전에 고했다.

구수산 아홉 봉에 촛불기도 연꽃 피우고

단도 품은 사무여한 백지혈인 나투었네.

법계의 인증이어라. 억조창생 춤을 추네.

환희의 노래가 구간도실 문밖을 나와 드넓은 하늘로 날아가고 있다.

제자들은 환희의 기쁨을 감추지 못했다.

스승의 엄숙했던 표정이 자애로운 미소가 되어 동산에 떠오르는 달님이 됐다.

"이제 그대들은 어제의 몸이 아니오. 오늘의 마음을 영원히 간직하고 공부와 사업에 열중하여 우리의 뜻을 널리 펴도록 해주시오. 그대들의 전날의 이름은 세속의 이름인 바 새 세상에 널리 쓰일 새 이름을 내려주겠소."

법호와 법명을 받은 아홉 제자의 얼굴은 달처럼 환하고 두 눈이 별처럼 반짝였다.

그들은 죽음의 자각을 통해 순교의 정신을 배웠고 비로소 그들이 펴고자 하는 신앙의 주체를 찾은 것이다. 이 어찌 기쁘지 않으랴.

박중빈은 1919년 11월26일 지금까지의 저축조합 이름을 불법연구회 기성조합으로 바꾸고 불법의 뜻을 연구하는 큰 목적을 이루기 위한 출발점으로 삼았다.

봉래제법상

전북 부안 봉래정사로 들어가 몇 몇 제자들과 함께 수양과 보림에 주력하다.

봉래산으로 가는 길

백지혈인 특별기도가 끝난뒤 박중빈은 송규를 부안 봉래산 *월명암으로 먼저 보내 견문을 쌓도록 했다. 새로운 신앙을 펴기 위한 기초를 다지고자 들어간 것이다.

"송규, 수양을 쌓으려거든 늘 내 마음부터 가다듬어야 하거늘 월명암에 머무는 동안에 세상을 바로 보는 법을 터득하도록 하게."

"예, 스승님의 말씀 명심하여 뜻을 이루겠습니다."

송규와 송도성에게 제법의 길을 비쳐주고 그 자신도 생각을 가다듬기 위해 길룡리를 떠났다.

그가 간곳은 김제 금산사다. 금산사에는 강증산이 '내가 죽은지 50년 후에는 여기에 올 것이다'라고 말한 50년 부활을 믿는 증산 교도들이 모여든 곳이다. 여기에

***월명암** – 전북 부안군 내변산에 있는 절로 원불교와 인연이 깊은 절이다.

서 중빈은 제자 성섭과 짚신을 삼으며 증산 교도들과 잘 어울렸다. 증산 교도들은 6척 장신의 키에 얼굴에서는 광채가 나고 늠름한 기상을 하고 있는 젊은 중빈과 그를 모시는 장대한 성섭의 일거수 일투족을 눈여겨보았다.

"아, 저 초막에서 머무르는 두 젊은이 봤지?"

"보다 마단가, 얼굴에서 광채가 흐르는 걸 보니 도인임에 틀림없어. 아마 우리 교주가 떠난지 50년이 되었으니 증산님이 부활하신

게 아닐까?"

"아니야, 내가 보기엔 독립운동을 하다가 일본 순사를 피하여 숨어 사는지도 모르지."

이렇게 수근 대는 사람들이 늘어 갈 때 증산교 신자 하나가 졸도하여 위독한 상태가 되었다. 박중빈이 가만히 있을 수 가 없어 이마에 손을 얹고 묵념을 했다. 그러자 환자가 눈을 떴다.

"*금산사에 *미륵불이 나타나셨다!"

"살아있는 부처가 금산사에 나타났다!"

중빈이 산부처라는 소문이 순식간에 독립군 잡기에 혈안이 된 김제 경찰서까지 퍼져나간 것이다.

"나오지 못할까? 수상한 너를 잡으러 왔다."

중빈이 갑자기 경찰서로 잡혀가 1주일 동안이나 시달리다 초옥으로 돌아왔다.

"스승님, 얼마나 힘들었습니까?"

***금산사** – 전북 김제시 금산면 모악산에 있는 절.

***미륵불** – 미래시대의 부처로 대종사는 "법신불의 진리가 크게 드러남"이라 했다.

"뭘 힘들어. 세끼 밥 주지, 물 주지, 잠재워 주지, 거기가 극락이더군."

모인 사람들에게 여만만하게 웃기까지 했다. 그러나 중빈은 할 일이 너무 많았다. 새로운 신앙을 펴려면 교리와 제도를 제정해야 한다. 봉래산으로 가는 길이 바쁜 것이다. 금산사에 머물며 앞날의 계획을 가다듬을 수 있어 좋았다.

영산 길룡리에 돌아왔던 중빈은 *송규가 머물고 있는 월명암으로 떠났다. 법성포에서 범선을 타고 위도 앞을 지날 때 풍랑을 맞았다. 세찬 바람이 불고 성난 파도가 배를 삼켜 버릴 것처럼 덤벼들었다. 배안이 비명과 토하는 소리로 아수라장이다.

"정신들 차리시오! 정신을 잃으면 안됩니다."

오로지 바위처럼 끄덕도 하지않는 박중빈의 말을 듣고 배탄 사람들이 진정을 했다.

해질녘에 배는 무사히 곰소항에 닿고 그는 그곳에서 하룻밤을 지

＊송규 – (1900~1962) 경북 성주군에서 태어나 구인제자가 되었다. 대종사가 열반하자 종통을 이어 종법사위에 올랐다.

낸 다음 월명암으로 향했다. 월명암에 도착하니 새 회상 법을 마련코자 먼저 떠나보낸 송규와 백학명 주지가 반갑게 인사를 했다. 월명암에서 십여 일을 묵고 있는데 많은 사람들이 제자 되기를 원하며 몰려와 좁은 암자는 사람들로 넘쳐나 실상사 곁에 초가 한 채(봉래정사)를 마련했다.

봉래산 계곡의 흐르는 물에 발을 담그고, 여기 저기서 새들의 노래 소리 듣자니 금방이라도 신선이 내려 올 듯하다. 박중빈의 가슴 속에 품어왔던 새 회상의 강령들이 봉래산 층층 바위에 쌓이는 아침이다.

봉래산에 일원의 새 부처가 나왔네!

봉래산(내변산)은 박중빈이 일찍부터 새 회상의 창립준비를 위한 휴양처로 정하고 원기4년(1919) 4월에 오창건을 데리고 월명암에서 10여일 묵은 후 8월에는 새 회상의 주춧돌로 키우는 송규를 보내 머무르게 한 곳이다.

층암절벽의 폭포소리 온종일 들려오고 굽이쳐 흐르는 맑은 물이 가슴을 씻어준다. 참으로 아름다운 자연의 조화이며 천지의 은혜가 아닐 수 없다.

박중빈은 골짜기에 흐르는 물을 보고 그 뜻을 헤아려 봤다.

'과연 그렇구나. 저 여러 골짜기에서 흐르는 물이 지금은 비록 갈래가 다르지만, 어디선가 서로 만나서 바다를 이루는 것이 아닌가? 이 처럼 세상의 모든 가르침은 한 울타리 속에 있어 바다처럼 받아들이는 믿음의 세계다. 이게 일원의 진리가 아닌가?'

"송규, 송도성, 오창건은 이리 오게. 같이 이야기 할 것이 있네."

"예, 스승님 말씀하시지요."

"지금 각양 각처에서 신도들이 몰려오고 있네. 전부터 틈틈이 가

다듬어 왔던 교리 강령의 짜임새를 갖추는 것이 중요하다는 말일세."

"예 스승님, 지당하신 말씀입니다. 불법연구회는 이제 부처님의 도덕입니다. 많은 제자들을 깨우치고 선도하려면 기초가 튼튼해야지요."

"그래, 송규와 도성, 오창건은 과연 내 속 마음까지를 헤아리는 제자들이로다!"

중빈이 지혜와 슬기가 넘치는 제자들을 바라보며 흐뭇한 미소를 지었다.

네 선각자들의 새 회상에 대한 구상은 확연하게 떠올랐다.

"송규, 사람이 살아가는데 끝없는 은혜를 받고 살아가지?"

"예, 그렇지요."

"한 가지 은혜가 아니라 네 가지 은혜 속에서 묻혀 살고 있지?"

"네 가지 은혜란 부모 은혜 말고 또 무엇인지요?"

"내가 말함세. 오창건이 잘 기록하게."

박중빈이 창건에게 기록하게 하고 인생의 요도 사은을 말했다. 이렇게 해서 사은과 사요가 초안되고 공부의 요도, 삼강령 팔조목이

성립됐다.

사은은, 천지은 · 부모은 · 동포은 · 법률은으로 피은 · 보은 · 배은에 대해서 상세히 기록된 것이다.

사요는 봉래제법 초안 이후 여러차례 고치면서 남녀차별과 지우차별 금지를 말하고 있다.

삼강령은 정신수양, 사리연구, 작업취사이니 이는 세상을 구원할 요법이 되고 공부인이 밟아야 할 길인 것이다.

이처럼 세상을 구할 새로운 법이 차츰 차츰 구체화 되어 금강경과는 달리 누구나 배우기 쉽고 실천하기 쉬운 새로운 불법으로 짜여나가는 것이다.

"어이, 봉래산에 새 *화신불이 있다고 하던데…."

"뭐, 화신불? 그가 새 석가모니란 말이야."

"신통력도 있고, 얼굴도 성자의 모습이라고 하더군."

"어이, 자네 신통력이란 말은 잘못 들은 소식이네, 그 분은 하늘같이 높고 바다처럼 넓은 새 부처님이라고 들었네."

＊화신불 – 중생제도를 위해 여러 중생의 모습으로 변해서 나타난 부처님.

"새 부처님? 처음 듣는 소리인데…."

"우리 그럼 '백문이불여일견'이라고 그 분을 직접 보러 봉래산을 가보세."

박중빈에 대한 소식이 빠르게 퍼지더니 다음해(원기5년)부터 영광, 김제, 전주 등지에서 많은 사람들이 봉래정사로 모여들기 시작했다.

봉래정사 대도정법 새 회상의 기본이라

원기6년 7월에, 김남천 송적벽 등의 발의로 실상초당 뒤편에 몇 칸 초당의 건축을 착공하여 그해 9월에 완성하니 이 건물이 곧 석두암(石頭庵)이며, 제법의 요람인 봉래정사가 된다.

석두암, 봉래정사

하늘이 내려오니

변산구곡 물소리를

돌이 서서 듣는구나

일원상 대도정법,

날줄로 씨줄로 엮었어라.

박중빈은 강령이 간명하고 교의가 원만하며, 모든 신자로 하여금 조금도 미혹과 편벽에 끌리지 아니하는 새 회상의 기본 교리의 초안을 완성했다.

이 때, 밖으로 승려들과 교제하며 재래 사원의 모든 법도를 일일이 청취하고 안으로는 제자들과 더불어 첫 교서를 초안하게 된 것이다.

박중빈은 봉래산에 살면서 평범한 생활 평범한 사람들을 사랑하므로 날이 갈수록 따르는 사람들이 불어났다.

경상도 금릉에 살다가 제자가 되어 봉래정사 길목에서 살고 있는 이춘풍 집을 들렀다.

"할아버지, 쌀이나 보리나 콩과 팥이 파란 새싹을 돋아내서 열매를 맺는 것은 무슨 이치인가요?"

겨우 아홉살인 춘풍의 딸이 박중빈에게 물어본다. 어린 딸은 박중빈이 30대 초반의 젊은 나이지만 아버지의 스승인지라 할아버지라 부르고 있는 것이다.

“아이고, 귀여워. 보살께서 귀여운 말씀을 하시네. 그런데 어찌 그런 생각이 났을까?”

"감기를 몹시 앓아서 밥도 제대로 먹지 못하고 종일 누워 있다가 스승님께서 오신다 하니 일어난거랍니다."

소녀의 어머니가 설명한다.

박중빈은 빙그레 웃으면서 소녀를 눕게 하고 말한다.

"얘야, 이 할아버지도 어릴 때 하늘에 구름이 떠다니고 비가 내리는 이치가 무엇인가 알고 싶어 무척이나 마음고생을 했단다. 내가 말을 해도 알아듣기는 힘들게야. 그러니 한번 스스로 그 의심을 풀어 보도록 해보렴."

박중빈이 소녀의 머리를 쓰다듬어 줬다.

어느 여름날, 큰 비가 내려 봉래정사 앞의 마른 웅덩이에 물이 괴었다.

사방에서 개구리가 모여들어 개골개골 개구리 노래 소리가 그치질 않더니 웅덩이에 여러 마리의 올챙이가 꼬리를 흔들며 노닐고 있다.

그러나 얼마가지 않아 웅덩이 물이 말라가는데도 올챙이들은 신난다.

그 미물들을 보고 박중빈이 말했다.

"생명이 끝나는데도 저렇게 놀고 있으니 얼마나 안타까운 일이오? 어리석은 일이 어찌 저 올챙이 뿐이겠소?"

제자들은 스승의 설법에 크게 깨달았다.

그들의 눈에는 웅덩이의 올챙이가 인간으로 보인 것이다.

자신의 운명을 모르고 그날 그날 재물이나 권세를 탐내는 인간들의 어리석음을 깨쳐주시는 스승님을 더욱 우러러 봤다.

박중빈은 이렇게 봉래정사와 길룡리를 왕래하면서 새회상의 교리와 제도를 평범한 생활 속에서 세워가는 것이다.

석두암에 제법의 불씨 타오르다

어느 날, 잘 아는 박 노인 부부가 실상사에 불공을 올리기 위해 봉래정사 앞을 지나갔다.

"어디를 가십니까?

"속이 타서 불공을 드리러 갑니다."

박중빈이 까닭을 물으니, "우리가 전생에 무슨 죄가 있길래 불효막심한 며느리를 만나 이런 고생을 하는지 모르겠습니다. 성질이 워낙 사나워서 늙은 시부모에 대한 구박이 이만 저만이 아닙니다."

"오, 사연을 잘 알겠습니다. 그런데 영감께서는 절에 있는 부처님에게 불공을 드리면서 어찌 살아있는 부처님에게는 불공을 드리려 하지 않으시지요?"

"뭐라고요? 살아있는 부처님이라고요? 아니 그 생불이 어디 있단 말이오?"

"댁에 계십니다."

그러자 노부부의 얼굴이 더욱 이상해졌다.

"우리 집에 부처님이 계시다니 그게 무슨 뜻입니까?"

"댁의 며느리가 부처님이란 말씀입니다. 다시 집으로 돌아가서 며느리에게 먼저 불공을 드려 보세요."

노부부는 봉래정사의 젊은 스승의 말대로 며느리에게 한 달 동안을 쌀로 밥을 지어주고 귀한 인조견으로 옷도 지어 주었다.

그리고 며느리에게 밥이 질면 먹기 좋아 좋고 된밥은 고실고실 해서 좋다고 칭찬했다.

또 치마가 짧으면 힘쓰기 편해서 좋고, 길면 점잖게 보여 좋다며 잔소리를 하지 않았다.

그러나 한 달이 다 되어도 아무 소용이 없었다.

"우리 집 산부처는 공양만 받아먹고 모른 채하더니 미투리를 사다 주니 내가 망령이 들었다고 의심까지 합니다."

"아, 그래요. 며느리가 또 무엇을 좋아하지요?"

"아이고, 또 사다줍니까? 은비녀가 없다고 하는데…."

"가만 보니 영감님이 진심이 없었군요. 아무리 며느리가 불평을 하고 구박을 하더라도 너그럽게 받아 주어야 합니다. 며느리에게 화내셨지요?"

"내가 부처님이 아닌데 어떻게 참겠습니까? 시아버지로 이게 무슨 꼴입니까? 화를 냈지요."

"그것 보세요. 화를 내면 아무 소용이 없지요. 다시 돌아가 은비녀를 사다주세요."

박 노인이 집으로 돌아간 후 며칠 만에 밝은 얼굴로 봉래정사 박중빈을 찾아왔다.

"스승님, 과연 우리 집에 산부처님이 나타났어요. 우리 며느리가 새 사람이 되어 시부모가 하늘이랍니다."

이 말을 들은 봉래정사 사람들은 모두 자기 일처럼 기뻐했다.

"박 영감이 며느리에게 하는 불공을 무엇이냐"고 한 제자가 물어오자,

"실지불공이라 하오. 일의 성질이나 사람의 특성에 따라 그 대상에게 불공을 드려 효과가 나타난 것이오."

이 일로 봉래정사 사람들은 불공의 힘이 얼마나 큰지를 알게 됐다. 스승님의 제도 불씨가 활화산이 될 것을 예감하며 제자들은 제법 전도의 미래를 구상해 갔다.

신룡전법상

1924년 6월 1일 익산시 보광사에서
불법연구회 창립총회를 개최하고
총부기지를 정하고 교화사업을 펴기 시작하다.

신룡리에서 용의 알을 품는 사람들!

일제 속, 암흑의 시대에도 희망과 용기를 가진 사람들이 있다. 가난으로 옷은 허름하고 손은 거칠었으며 얼굴은 햇빛에 검게 탄 모습이었으나 눈동자 만큼은 희망의 별이 되어 반짝거렸다.

봉래제법을 이룬 이들은 새롭고 굳건한 의지로 뭉쳐 금방이라도 봉래산 하늘을 날듯한 기세였다.

대중 속으로 들어가 어둠의 이 땅을, 병든 현대사회의 모든 인류를 향한 교화의 횃불을 올리겠다는 의지가 뚜렷했다. 이들은 교화의 구체적인 내용을 담은 교법을 완성했고, 그 제법을 배우고 익히고 있을 때다.

"스승님!"

"중안이가 어찌 이른 아침부터…."

이른 아침 박중빈을 찾은 사람은 스승 없이 혼자 공부하여 높은 학문의 경지에 오른 사람으로 김제에서 면장을 지내다가 봉래산으로 들어와 교리를 공부하는 서중안이다.

"세상을 평화롭게 하고 인류를 구원할 스승님께서 더 넓은 곳으로

가시어 모든 사람들에게 영원한 앞길을 밝혀주시기 바랍니다."

"좋은 생각이오. 지금까지 그대들과 꾸준히 준비해 왔으므로 이제는 산을 내려갈만하다고 생각하오. 우선 필요한 것은 우리의 새로운 터전을 마련하는 것이오."

박중빈과 수행자들은 새 터전을 마련하기 위한 구체적인 계획을 세웠다. 길룡리는 박중빈을 낳은 새 회상의 요람이지만 좁고 구석진 곳이다. 모든 사람들이 다니기 편리한 곳이어야 한다는 것에

의견이 일치했다. 그런데 박중빈의 발걸음은 길룡리를 먼저 향했다. 1923년 여름, 어머니가 세상을 떠나는 슬픔과 구도생활의 발자취가 거기에 있었기 때문이다. 그는 제자들과 함께 옥녀봉의 구간도실을 넓은 곳으로 옮겨 새로 짓고 힘찬 새 출발을 다짐했다. 그들은 다음으로 새로운 터전을 찾았다. 제자들과 박중빈은 여러 곳을 찾아다니다가 가난한 사람들이 일할 수 있는 넓은 곳, 언제라도 쉽게 모일 수 있는 교통이 편리한 전북 익산군 북일면 신룡리를 새 회상, 새 터전으로 정했다.

그리하여 보광사에서 창립총회를 열고 불교의 참법을 가르친다는 소박한 이름으로 '불법연구회'로 정했다. 1924년 6월1일의 일이다. 1924년 11월 잡초가 무성한 황무지에 수행자들의 정성과 땀으로 두 채의 초가를 세웠다.

자기들의 삶과 굳건한 믿음을 지키기 위해 세운 불법연구회 회관을 건설한 것이다. 회관은 시대적 고난을 함께하며 수행자 스스로 세상의 빛이요 등불이 되고자 하는 힘찬 출발의 뱃고동인 것이다. 불법연구회는 농사를 짓고 가축을 기르며 과수원을 가꿨다. 이들은 산속에서 자기만의 수행이 아니라 일상에서 많은 사람들과 어

우리지는 생활 속의 수행을 철저히 하는 것이다. 그러므로 수행자들의 하는 일에 호기심을 갖고 견학하러 오는 사람, 시찰하러 오는 사람들이 날로 늘어났다.

“불법연구회의 부처님은 어디에 봉안하였습니까?”

“우리 부처님은 외출중입니다.”

“아니, 걸어다니는 부처가 있단 말이오.”

방문객과 박중빈의 말이 오고가는데 농기구를 멘 산업부 일꾼들이 나타났다.

“저 사람들이 다 우리의 부처님이랍니다.”

“뭐라구요? 저 사람들이 부처님이라니요?”

“맞습니다. 저들이 산부처님이고, 신룡리에서 용의 알을 품는 사람들이랍니다.”

아! 신룡벌, 사은의 일원성탑

황무지위에 세워진 불법연구회관이 제도 전법의 총부로 그 역할을 다하기에는 너무나 열악했다. 그러나 영산방언공사를 성공시킨 하나로 뭉친 불법연구회원들이 아닌가?

박중빈과 그 제자들이 신룡벌의 대역사를 위해 밤낮을 가리지 않고 새 회상의 미래를 설계하고 의논했다.

먼저 불법연구회의 살림꾼, 김광선이 이리 박원석 집에 임시 주거지를 정하고 송학동 동양척식회사 토지를 빌려 농사를 지었다. 이것이 산업부의 출발이고, 동시에 전무출신들의 호구지책으로 되지만 쉽게 풀리지는 않았다.

"깨깽, 깨깽, 깨깽, 엿사시오 엿사!

맛좋은 함열 엿! 쫄깃 쫄깃한 용산 엿!

엿사시오, 엿사!

찰각, 찰각, 함열 엿!"

엿장수가 된 불법연구회 산업부의 역군들!

제자들의 엿 파는 소리가 이 골목 저 골목에서 메아리쳤다. 그렇지만 엿 파는 일은 일본 경찰의 감시가 더욱 심하여 공부에 지장을 초래함으로 박중빈은 엿 제조업을 다른 업종으로 바꿨다.

그 후 만석리에 동양척식회사 소유답 약간을 빌려 농사를 지어 선비(禪費)와 생활비가 마련되지만 배고픔은 여전했다.

그러나 제자들은 조금도 고생으로 생각하지 않고 오직 새 회상 만난 기쁨으로 꺼리는 바가 없었다.

"어이, 이재철 이 고구마 같이 먹지."

"아뇨. 스승님 몫이니 스승님 잡수시지요."

"아니, 나는 괜찮네."

신룡벌 불법연구회의 스승과 제자 간에 나누는 대화였다. 이들은 저녁에는 고달픔도 잊고 한자리에 모여 하루의 경과를 보고하고 토론하며 빈틈없이 일을 처리했다.

공든 탑이 어찌 무너지랴!

원기12년에 발족한 산업부는 총부 앞에 과수원을 조성하여 새 회상의 기틀을 만들고 원기19년에는 보화당이 창설되니 이는 새 회상 수익사업의 으뜸이었다.

미륵산 바라보며

알을 품는 신룡터에

전무출신 엿판 메고

총부 우뚝 일으켰네.

오호라 불법연구회

주작야선 즐거워라.

산업부의 수익산업이 번창하니 자연 일원대도의 전법도 술술 풀려나갔다.

박중빈이 진안 만덕산에 가시어 한동안 선을 나시다가 김대거를 만나고 이듬해 새 교법을 지도훈련하기 위하여 정기훈련법과 상시훈련법을 발표했다.

원기20년 4월, 신룡벌 위에 대도정법의 총부 대각전이 세워지고, 그 정면 불단에 마음의 부처님이신 '일원상'이 정식으로 봉안됐다. 이는 신앙의 체계를 확립하여 종교의 체제를 갖춘 중대한 역사가 된다.

대종사 대각 직후 사은 즉 일원의 신앙 법을 꾸준히 구상해 오다

가 비로소 일원상을 신앙의 대상으로 확정한 것이다.

일원상은 새 회상 대도정법의 상징이고, 최고의 종지로써 신앙의 대상이요 수행의 표본이다.

대도 정법은 인물 양성이 으뜸이라

신룡벌에 불법연구회가 자리를 잡고 제도 개혁의 기치를 들고 공부와 사업에 몰두한지도 벌써 여러 해가 지났다.

박중빈은 평범한 일상을 무엇보다 중요시 했다. 불법연구회 총재로 각 지역 교당을 순방 할 때다.

"선생은 위생관념이 지나쳐 밥만 먹으면 밖으로 나가는데 언제부터 그런 신선이 되었나요? 지금 우리 동포들은 땅속 두더지와 같이 어렵고 괴롭게 살아가는 형편이오. 식사할 때 은혜에 감사하기보다 원망스런 얼굴로 식사를 하다니 밥값을 해야지…."

서울교당에서 무척 깨끗한 것을 좋아하는 한 제자가 냄새나는 식당을 못마땅해 하며 식사하는 걸 보고 책망하는 말이다. 또 정원을 돌다가 김치 우거지를 버린 것을 보고는,

"김치를 함부로 버려서 되나?"

"맛없는 우거지라 버렸습니다."

"저렇게 아낄 줄 모르다니. 교당 물건 하나가 일반 가정의 물건 보다 중요하거늘 종이 한 조각, 연필 한 도막까지도 아낄 줄 알아야

한다"며 근검절약을 강조했다.

그는 법을 전할 때 마다 우주를 한 울타리로 보고, 만물을 진리에 따라 소유하고 있으면서 실생활에서는 종이 한 조각, 노끈 한 개라도 버리지 않기를 실천하고 있었다.

불법연구회는 근검절약 정신에 따라 가정의례를 고쳤다. 그 내용은 상상을 넘은 혁신적이다. 아기의 출생시 미신적인 행위는 폐지하고 산아와 산모의 위생에만 힘쓰게 했다.

결혼은 실질적인 방법과 정신적 결합을 중심으로 하여 절약한 경비로 훗날 가정 살림의 토대를 마련하는 것이다.

장례법으로 소상과 대상을 폐지하고 음식을 차리지 않고 정결한 화초로 추모의 정성을 다하도록 했다.

박중빈의 장녀 결혼식을 정해진 예법에 따라 예물 교환도 없고 고구마를 삶아서 나눠먹는 것으로 마쳤다. 인재 양성에도 소홀하지 않고 기질과 성품에 따라 큰 그릇으로 키웠다.

＊김대거 – (1914~1998) 호는 대산으로 전북 진안군 성수면에서 출생하여 소태산 대종사와 정산종사의 뒤를 이어 후계 종법사가 됨.

진안 *김대거를 처음 대할 때다. 김대거는 젊고 기질이 호탕하여 장부로 태어나 중국으로 건너가 대륙을 누비며 세계를 주름잡는 사람되기를 열망했다. 그의 말을 듣고 박중빈이 크게 화를 냈다.

"사람이 한평생 재미있게 살다가 가는 것도 좋은 일이다. 그러나 현대의 도인은 땀을 흘리며 일하는 사람이다."

공부와 사업을 강조하고 있었다.

박중빈이 이공주에게 물었다.

"그대는 보람되게 할 일이 무엇이라 생각하는가?"

"저는 일본에 유학을 가서 문학박사가 되어 일천만 한국여성을 위해 헌신하고 싶습니다."

"허허, 젊은 여성으로 큰 뜻을 가지고 있네. 그렇지만 그 포부는 담뱃대 통속과 같은 소견이네. 공주는 문학박사 아니라 우리 법을 세계만방에 전하는 도덕박사가 되어야 하네."

이후 이공주는 박중빈의 가르침을 가장 많이 기록하여 전하는 도덕박사의 역할을 담당했다. 이처럼 박중빈은 대도 정법의 큰 인물을 키우는데 온갖 정성을 기울이고 있는 것이다.

"그대들을 쓸모 있는 교역자로 만드는 것은 온갖 쇠를 달구고 때

려서 잡철을 다 떨어버리고 좋은 쇠를 만들어 필요한 도구를 만든 것과 같다."

제자들을 엄격한 교법 훈련을 통하여 양성했다. 이렇게 하여 새로운 터전 신용벌에 일등 별들이 줄줄이 탄생하게 된 것이다.

일본의 총칼을 이긴 일원대도 정법

일본의 식민주의 압제가 박중빈의 불법연구회로 좁혀들어 왔다.

"오늘부터 총부 구내에 주재소를 설치하겠소."

"아니 총부 내에 일본 순사를 주재 시킨단 말이오?"

"그렇소. 어서 불법연구회는 대중을 모으시오."

독립운동가 안창호가 불법연구회를 다녀갔다는 소문을 듣고 이리 경찰서장이 박중빈 앞에 나타나 위협적으로 명령했다.

"여러분! 우리 대 일본 제국은 아시아의 왕자요. 조선의 발전은 일본천왕의 덕이란 말이오. 만약 천왕의 은공을 잊는 불순분자는 가

차없이 처벌 할 것이요"

낮에는 피땀으로 새 회상을 건설하고, 밤이면 염불 · 강연 · 회화로 영산춘풍이 부는 곳에 일제의 칼바람이 불어왔다.

3 · 1운동 이후 박중빈이 자주 일본경찰의 감시를 받아왔으나 총부 구내에 순사들이 상주하기는 처음이다.

"스승님, 저들을 이대로 두고 봐야 합니까?"

"서두르지 마라. 그들은 그들의 일을 할 따름이고, 우리는 우리의 일을 할 따름이니 우리가 하는 일이 옳은 일이라면 그 누구도 해하지는 못할 것이다."

박중빈은 일본경찰의 수없는 압제에 시달리지만 그들을 미워하지 않았다. 황가봉은 한국인 순사로 불법연구회를 조사하고 감시하는 임무를 맡았다.

일본 경찰이 대중에게 민족정신을 일깨우는 불법연구회를 해체시킬 계획을 세운 것이다.

황가봉은 박중빈과 제자들의 일거수일투족을 감시했다. 그러나 박중빈은 그를 조금도 미워하지 않고 항상 웃음으로 대했다.

"스승님의 말씀까지 감시하는 자를 웃음으로 대합니까?"

"얼마나 고마운 일인가?"

"예? 고맙다니요?"

"그대들과 공부하는 셈이 아닌가? 시키지도 않았는데 스스로 찾아

와서 공부하겠다니 얼마나 고마운 일인가?"

"그자는 우리를 해하러 온 자입니다. 일본놈에게 빌붙어서 동포를 괴롭히고 출세나 꿈꾸는 민족 반역자입니다."

"그러니까 그에게 잘해주는 걸세."

제자들은 스승에 더 따질 수는 없고 박중빈의 너그러운 웃음과 *황가봉의 날카로운 눈초리의 대결을 지켜보는 수 밖에 없었다. 황가봉이 순사복을 벗고 불법연구회 사람들과 똑같은 옷으로 변장하고 어떤 꼬투리라도 잡을 셈으로 두 눈에 쌍불을 켜고 달려들었다. 그러나 그것은 3개월 만에 빗나가고 말았다. 드디어 황가봉이 박중빈에게 백기를 들고 항복한 것이다.

"사실 저는 공부하려는 목적이 아니었습니다."

"알고 있소. 직책이 있으니 도리가 없었겠지요."

"스승님의 제자가 되고 싶습니다. 저를 제자로 받아주시겠습니까?"

"그야 물론이지요. 원래 부처와 중생은 한 몸이오. 중생이 깨치면

＊황가봉 – 일제말기 익산경찰서 고등계 순사로 원불교를 감시하러 왔으나 대종사께 감복하여 제자가 되어 '이천'이란 법명을 받음.

부처가 되는 거요.”

황가봉은 그 날로 박중빈에게 이천(二天)이란 법명을 받고 부처되기를 다짐했다.

박중빈의 대도정법이 일본의 총칼을 이긴 것이다.

계미열반상

일제의 압정 속에서 교단을 창립 발전시켜 오다가
1943년 6월 1일 53세로 열반하다.

흔들리지 않는 나무

"어서 오세요, 도산선생. 조국 독립을 위해 애쓰시는 선생을 진심으로 존경합니다."

"내가 비록 조국의 독립운동을 한다고는 하나 보이지 않는 곳에서 민족을 일깨우고 힘을 쌓아가는 불법연구회 총재님이야말로 참으로 큰 힘을 가진 독립투사가 아닙니까?"

세계 2차대전을 일으킨 일본에게 옥고를 치른 후 신룡리 불법연구회를 찾아온 도산 안창호 선생과 불법연구회 박중빈 총재 간의 대화다. 두 사람은 공통의 의견을 갖는다.

"내 외국에 있으면서도 총재님의 근검절약정신을 실천함으로 약자가 강자가 되는 방법을 배웠소이다."

"도산, 무슨 과분한 말씀을 하시오. 독서교육, 농촌계몽을 통한 독립운동이야말로 민족의 별이 아닙니까?"

안창호는 박중빈을 만난 후 얼마 안되어 다시 투옥되고 중환자의 몸으로 풀려나와 세상을 떠났다.

당시 일본은 만주를 점령하고 우리 민족을 노예처럼 부렸다.

민족말살정책으로 학교마다 신사참배를 강요하고, 종교와 사상의 자유를 억압했다.

원기23년 8월 총독부 경무국장이 예고도 없이 전라북도 경찰부장을 앞세우고 총부 박중빈을 찾아 왔다.

총독부 경무국장이 박중빈에게 직접 물었다.

"불법연구회가 도대체 무슨 단체요?"

"법신불 일원상을 신앙의 대상과 수행의 목표로 삼고, 사은을 믿고 있습니다."

"일원상이라? 그리고 사은은 뭐요?"

"그렇습니다. 천지은, 부모은, 동포은, 법률은을 말합니다."

"뭐라고. 알 수 없소. 설명하시오."

"천지은은 하늘과 땅이 있어야 만물이 살아갈 수 있기에 그 큰 은혜를 말함이요. 부모은은 부모님이 날 낳으시고 기르시니 그 은혜가 가이 없음이요. 동포은은 동포가 더불어 사는 것이 우리 인간이라 서로 맡은바 일을 이루는 것이며 나무 한 그루 풀 한 포기도 은혜롭다는 것입니다. 또한 법률은은 이 세상에는 도덕윤리 규범이 있는지라 서로 진리를 잘 지키는 것이외다."

"아니? 그런데 거기엔 대 일본이노 제국! 천황폐하의 은혜가 빠져 있지 않소?"

경무국장에게 박중빈의 말을 통역하던 황 순사의 가슴이 덜컹 내려앉았다. '아이쿠 이자들에게 불법연구회가 당하고 마는구나'하는 생각으로 가슴이 콩당콩당 뛰었다.

"천지 · 부모 · 동포 · 법률의 사은이 백성들의 입장에서 보면 모두 황은이 되고 불제자의 입장에서 보면 전부 불은입니다. 그래서 황은이나 불은은 사은과 같이 개별적인 은혜로 보는 것은 적당하지 않습니다. 그러므로 황은이나 불은은 사은 보다 더 높고 크기 때문입니다."

"하이! 국장이노, 불법연구회 박 총재님의 말씀이 맞습니다."

"그래?"

무엇인가 꼬투리를 잡기위해 불법연구회를 방문했으나 수행한 종교 담당관이 박중빈의 사은에 대한 지혜와 슬기가 넘친 답변을 듣고 불법연구회를 어두운 세상을 밝혀주는 해와 달과 같은 종교로 인정한 것이다.

박중빈을 둘러싸고 있던 황 순사와 제자들이 안도의 한 숨을 쉬었다.

해가 되고 달이 되어

원기25년부터 박중빈은 교리에 능숙한 제자들을 시켜 교서들을 수정 보완하고 2년 뒤 한 권의 교전으로 완성하고 큰 사업을 일으켰다.

그러나 일제가 중 · 일전쟁에 이어 태평양전쟁을 일으켰으나 좌절되고 말았다.

정세가 험악해지자 박중빈은 원기27년 10월 각 지역 순방길에 올랐다. 추운 겨울 부산에 이르렀다.

"아니, 어쩐 일이십니까?"

"어떻게 사는지 보러왔지."

"스승님께서 소식도 없이 갑자기 오시다니요?"

"예고없이 와야 평소에 어떻게 하고 있는지 알 수 있다. 모든 일을 평소에 빈틈 없이 준비해 놓고 살아야 하는 법이다."

박중빈은 순방하는 교당마다 제자들에게 굳게 뭉쳐 이 난국을 헤쳐 나가기를 당부하고 남을 의지하지 말고 자립해야 한다고 강조했다.

"이제 내가 멀리 수양의 길을 떠나려 한다. 내가 떠나고 없더라도

약해지지 않도록 하라. 내가 떠나기로 하면 헌신짝 버리기보다 더 쉽고 썩은 새끼줄 끊기보다 더 쉽게 아무런 마음 두지 않고 훌쩍 떠나 버릴 것이다."

박중빈 부산 제자들을 하나 하나 챙겨주며 다음 순방길에 올랐다.

아이들의 친구가 되어

날아라 새들아
푸른 하늘을
달려라 냇물아
푸른 벌판을
오월은 푸르구나
우리들은 자란다
오늘은 어린이 날
우리들 세상.

1922년 *방정환 선생의 지도 아래 천도교 서울지부 소년회를 중심으로 5월1일을 기념일로 정한 것이 어린이 날의 출발이다.
초기 어린이 날의 취지에는 어린이들에게 민족정신을 고취하는

***방정환** – (1899~1931) 우리나라 최초의 아동문화 운동단체인 '색동회' 등을 조직하고 어린이날을 제정했다. 호는 소파.

뜻이 들어 있었다.

1925년의 어린이 날 기념행사에 전국의 소년 · 소녀들이 30만 명이나 참가할 정도로 성장했다.

그러나 일제는 어린이 날이 우리의 민족정신을 심어준다는 트집을 잡고 대동아 전쟁을 일으키고 부터는 이를 억압하는 것이다.

박중빈은 이를 심히 안타깝게 여겼다.

1942년 전국 순방길을 마무리 짓고 돌아온 박중빈이 이듬해 이른 봄 총부 넓은 뜰아래에서 귀여운 아이들과 친구가 되었다. 출가 수행자들의 자녀들이다.

"할아버지! 이 꽃 예쁘지."

"예쁘고, 말고."

"나 꺾어줘."

"애야, 꽃을 꺾으면 꽃이 아프다고 하지. 그러니까 구경만 하자."

"할아버지, 나 안아줘."

"그래 그래, 이리 온."

박중빈이 아이들을 일일이 안아주며 어루만졌다.

이를 바라보는 제자들이 스승의 끝없는 아이들 사랑에 흐뭇한 미소를 지으며,

“할아버지 몸도 편찮으신데 너무 성가시게….”

아이들은 할아버지를 더욱 좋아했다. 학교에 갈 때면 책보를 끼고 달려와 합장을 하고 인사를 했다.

박중빈은 아이들로부터 인사 받는 것이 큰 즐거움이었다.

그리고 인사를 받을 때 마다 귀한 과자를 줬다. 아이들이 좋은 성

적표를 보여주면 칭찬과 격려를 아끼지 않았다.

부모들이 자녀가 스승을 너무 귀찮게 한다 싶으면 이를 말리는 부모에게 교육애를 말씀하셨다.

“괜찮다. 나의 가르침을 어렵게 생각할 것 없다. 마음을 마음대로 잘 쓰게 하는 것이다. 그 밖에는 별다른 것이 없다. 이 아이들이 우리들의 꿈이고 미래다. 자라나는 아이들 이 마음을 잘 쓰고 못 씀에 따라 우리의 밝고 어둠이 달려 있다. 너 나 할 것 없이 자녀 교육은 부드럽게 해야 한다.”

박중빈은 한국의 페스탈로치다. 아이들의 친구가 되는 교육철학자며 실천가다.

아! 새 부처님 우리 대종사

“아이가 커서 어른이 되고, 평범한 사람이 깨쳐 부처가 되며, 제자가 배워 스승이 되는 것이다. 그대들도 어서 어서 참다운 실력을

얻어 후진의 스승이 되어라. 죽고 사는 것은 불보살이나 중생이 다 같은 것이니 그대들도 사람만 믿지 말고 그 법을 믿으며, 헛되이 왔다 가는 사람이 되지 않도록 각별히 주의하라."

제자들은 그의 한마디 한마디를 귀담아 들으며 여느 때 보다 더 엄숙한 느낌에 사로잡혔다.

그 날 오후, 그는 자리에 누웠다. 그는 몹시 지쳐있고 기력이 떨어져 스스로 그 무거운 몸을 일으킬 것 같지 않았다.

그 날, 다른 곳의 한 여제자가 뜰앞의 작약과 모란을 보고 까닭없는 슬픔에 잠겼다. 막연한 예감이 공교롭게 슬픈 소식을 불러온 듯 "어이, 스승께서 누워계신데."

"뭐? 병환이시라고."

그들이 박중빈 곁으로 달려왔다.

"왜 둘씩이나 왔는가? 한 사람은 남아서 일을 봐야지."

일을 챙기는 스승의 마음 씀씀이는 여전했다.

한 사람은 떨어지지 않는 발길을 돌렸다.

동북아를 자기 영토로 만들려는 일본 제국주의자들조차 박중빈을 '조선의 간디'로 지목하고 간디의 무저항주의처럼 박중빈의 온

건주의가 대중에게 끼칠 영향력을 우려하기 때문에 불법연구회의 규모가 더 크기 전에 짓눌러 버려야 한다고 벼르던 시기였다. 박중빈은 그들의 동향을 불을 보듯 꿰뚫었다.

"날뛰는 자들 때문에 내가 더 머물기가 어려울 것 같다. 내가 이제 멀리 수양을 떠나면 그대들이 어려운 고비를 만날 것이다. 그러나 못 넘길 고비는 아니다. 바로 먹구름이 걷히지는 않겠지만, 밝은 날이 올 것이다."

박중빈이 민족의 해방을 예견하며 수제자 송규를 불렀다.

"그대는 나를 만난 후로 오늘에 이르기까지 모든 일을 내가 시키는 대로 할 따름이요, 따로 의견을 주장하는 바가 없었다. 이것은 나를 신봉하는 마음이 지극하기 때문인 줄 안다. 그러나 내가 만일 갑자기 먼 길을 떠나가면 그 때를 대비하기 위한 준비를 해야 할 것이다. 앞으로는 모든 일에 그대의 의견을 주장해 보고, 자력으로 대중들을 통솔해 보라."

후계자에게 지도력을 심어줌이 역력했다.

그 뒤 박중빈은 보름 동안 자리에 누워 있다가 조용히 열반에 들었다.

1943년 6월 1일 그는 큰 깨달음을 얻고 구원의 횃불을 켠지 28년, 그의 나이 쉰셋에 만고일월로 새 회상 새 부처님으로 다시 태어난 것이다.

일제 탄압 계미열반 새 회상 열리었네.

사람만 믿지 말고 법 믿으란 말씀으로

여기가 극락인가 미리 미리 보여주었네

구름아 산 구름아 관천기의 어린소년

햇덩이 달덩이 되어 신룡리 너른 벌판에

이 세상 으뜸가는 원불교 세우셨네

아! 새 부처님 우리 대종사.

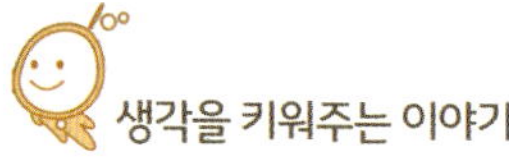

초판1쇄 인쇄 · 2014년 5월 15일
초판1쇄 발행 · 2014년 5월 20일

지은이 · 황혜범
그 림 · 황상운
펴낸이 · 송우근

펴낸곳 · 도서출판 송대
주소 | 570-180 익산시 익산대로 501
전화 | (063)850-3234 팩스 | (063)855-2226
이메일 | wonnews0601@hanmail.net

■ 잘못된 책은 바꿔 드립니다.
저자와의 합의하에 인지를 생략합니다.

ISBN 978-89-966711-4-5 03200 〈값 8,000원〉

이 도서의 국립중앙도서관 출판시도서목록(CIP)은 서지정보유통지원시스템 홈페이지(http://seoji.nl.go.kr)와 국가자료공동목록시스템(http://www.nl.go.kr/kolisnet)에서 이용하실 수 있습니다.
(CIP제어번호: CIP2014014565)